汉语语音教程
Chinese Pronunciation Course

提高篇
Advanced Study

主　编　何　平
副主编　宋尚斋　何惠芹
编　者　何　平　何惠芹
　　　　宋尚斋　杨　楠
翻　译　丁险峰(英)　于冬梅(日)
　　　　金娅曦(韩)

图书在版编目(CIP)数据

汉语语音教程·提高篇/何平主编. —北京：北京大学出版社，2008.2
ISBN 978-7-301-08013-9

Ⅰ．汉… Ⅱ．何… Ⅲ．汉语-语音-对外汉语教学-教材 Ⅳ．H195.4

中国版本图书馆CIP数据核字(2008)第000794号

书　　　名：汉语语音教程·提高篇
著作责任者：何　平　主编
责　任　编　辑：严胜男
标　准　书　号：ISBN 978-7-301-08013-9/H·1259
出　版　发　行：北京大学出版社
地　　　址：北京市海淀区成府路205号　100871
网　　　址：http://www.pup.cn　　新浪官方微博:@北京大学出版社
电　子　信　箱：zpup@pup.pku.edu.cn
电　　　话：邮购部 62752015　发行部 62750672　编辑部 62753374　出版部 62754962
印　刷　者：三河市博文印刷有限公司
经　销　者：新华书店
　　　　　　787毫米×1092毫米　16开本　14.25印张　340千字
　　　　　　2008年2月第1版　2019年8月第5次印刷
定　　　价：48.00元(附赠光盘)

未经许可，不得以任何方式复制或抄袭本书之部分或全部内容。
版权所有，翻版必究　　举报电话：010-62752024
　　　　　　　　　　　电子信箱：fd@pup.pku.edu.cn

编写说明

外国人学习汉语，首要是学好汉语语音。语音是外国人学习汉语的难点之一。发音的正确与否将直接影响到学生的"听"和"说"，影响到学生使用汉语的质量。本教材就是为外国人编写的一部汉语语音教材，它可以帮助学生更快、更扎实地学好汉语语音，少走或者不走弯路，养成正确的发音习惯，为学好汉语奠定基础。

基于多年来积累的对外汉语教学经验，在调查了45个国家1246名留学生学习汉语语音情况之后，我们于2002年4月着手编写这部教材，历时近五年，现在终于可以呈现给大家了，了却了我们多年的心愿。

本教材吸收了最新的声调教学科研成果，注重声调教学，加强声调练习，真正使声调教学贯穿于对外汉语语音教学的全过程。

本教材在编写时较多地考虑到其可接受性，始终遵循以学生为本，精讲多练的教学原则。练习材料体裁广泛，内容丰富有趣，浅显易懂。

本教材包括"基础篇"和"提高篇"两册。"基础篇"是为初学汉语的外国人编写的基础语音教材，主要讲解语音常识，共分九课：声调和单韵母、声母、复韵母、鼻韵母、变调、轻声、儿化、"啊"的音变、语调。练习中选用了顺口溜、谜语、诗歌等材料。每课后边附有自测题，供学生课余自测。

"提高篇"是为学过半年以上汉语的外国人编写的语音教材，以分辨难音为主，包括汉语语音各要素的难点，共分十一课：音节分辨、声调分辨、声母分辨(一)、声母分辨(二)、声母分辨(三)、单韵母分辨、复韵母分辨、鼻韵母分辨、轻声和"啊"的音变分辨、儿化分辨、散文朗读。练习中有常用词语、句子和短文等材料。每课后边附有自测题，供学生课余使用。

"基础篇"附有"一"的变调词语、"不"的变调词语、必读轻声的词、儿化词、汉语声韵调配合表，以及部分练习答案和课后自测题答案，供教师和学生参考。"提高篇"附有汉语普通话音节拼写规则表、汉语普通话声母表、汉语普通话韵母表、部分练习答案、课后自测题答案、生词语总表和专名总表。

本教材还配有用标准的汉语录制的光盘，供学习者模仿练习和课后自测。

我们衷心感谢北京大学出版社严胜男女士、北京语言大学进修学院的领导，他们为本书的写作和出版给予了大力支持。

限于水平，书中难免有疏漏和不周之处，尚祈专家和读者不吝赐教。

何 平

2007年4月30日

Introduction

When learning Chinese, the first and most important thing for foreigners is to pronounce their words correctly. It's also one of the most difficult aspects. Correcting pronunciation is directly related to one's listening and speaking ability. Focusing on this aspect simultaneously will improve one's Chinese. This is a book on Chinese pronunciation designed for foreign learners. It will help students grasp Chinese pronunciation better and more quickly avoiding detours, form good pronunciation habits, and lay a solid foundation for further study.

Having accumulated much experience on Chinese language teaching, and having surveyed 1246 foreign students from 45 countries with special attention to pronunciation, we started to compile this book in April 2002. After five years, the book is finally ready to be placed before learners. Thus, our wish has been realized.

This book benefits from the latest achievements in scientific research on tones and lays emphasis on tones teaching and practice.

In the process of compiling this book, we fully considered its acceptability and followed the "students-centered" rule, which entails making concise explanations and giving more practice. This book involves various exercises, ranging in style and content, so that learners will find it helpful and stimulating.

This book has two volumes: "Basic Study" and "Advanced Study". "Basic Study" is an elementary pronunciation course for beginners, which mainly explains the general knowledge of Chinese pronunciation. It consists of 9 units: The Tones and the Simple Finals, the Initials, the Compound Finals, the Nasal Finals, the Changes of Tones, the Neutral Tone, the r-Ending Retroflexion, the Changes in the Pronunciation of "啊", and Intonation. Jingles, riddles, poems etc., are used as exercise materials. There are after-class self-test exercises attached to each unit for students to practice by themselves after class.

"Advanced Study" is for the foreigners who have learned Chinese for more than six months. It lays emphasis on differentiation, covering all the difficult points of Chinese pronunciation. It consists of 11 units: Differentiation of Syllables, Differentiation of Tones, Differentiation of Initials（一）, Differentiation of Initials（二）, Differentiation of Initials（三）, Differentiation of Simple Finals, Differentiation of Compound Finals, Differentiation of Nasal Finals, Differentiation of Neutral Tone and Changes in Pronunciation of "啊", Differentiation of r-Ending Retroflexion, Prose Reading. Common words, sentences and short articles etc. are used as exercise materials. There are after-class self-test exercises attached to each unit for students to practice by themselves after class.

The "Basic Study" book includes an appendix section explaining the rules of Chinese pronunciation. There are: The Words with "一" Whose Tone Changes, the Words with "不" Whose Tone Changes, the Words that Must Be Read in a Neutral Tone, the r-Ending Retroflex Words, and Table of Combinations of the Initials, Finals and Tones in Chinese, Answers to Parts of the Exercises, Answers to After Class Self-test Exercises. The "Advanced Study" book includes an appendix section with Table of Spelling Rules for Syllables in Chinese Mandarin, Table of Initials in Chinese Mandarin, Table of Finals in Chinese Mandarin, Answers to Parts of the Exercises, Answers to After Class Self-test Exercises, Complete List of New Words and Complete List of Proper Nouns.

There is also an accompanying CD recorded in standard Chinese. Learners could read after the CD or use it to practice by themselves after class.

We would like to thank Ms Yan Shengnan of Peking University Press and the leaders of the College of Advanced Chinese Training at Beijing Language and Culture University for their support and help.

There should be some mistakes and oversights due to the compilers' limited ability. We welcome advice and suggestions from readers and experts.

He Ping
April 30th, 2007

Contents

第一课　音节分辨 ··· 1
Lesson One　Differentiation of Syllables
　音节分辨　Differentiation of Syllables ································· 1
　分辨训练　Differentiation Training ····································· 2
　综合练习　Comprehensive Exercises ································· 9
　课后自测题　After Class Self-test Exercises ······················· 18

第二课　声调分辨 ··· 19
Lesson Two　Differentiation of Tones
　读音分辨　Differentiation of Pronunciation ························ 19
　分辨训练　Differentiation Training ····································· 20
　综合练习　Comprehensive Exercises ································· 28
　课后自测题　After Class Self-test Exercises ······················· 34

第三课　声母分辨(一) ··· 35
Lesson Three　Differentiation of Initials (一)
　读音分辨　Differentiation of Pronunciation ························ 35
　分辨训练　Differentiation Training ····································· 35
　综合练习　Comprehensive Exercises ································· 39
　课后自测题　After Class Self-test Exercises ······················· 45

第四课　声母分辨(二) ··· 46
Lesson Four　Differentiation of Initials (二)
　读音分辨　Differentiation of Pronunciation ························ 46

分辨训练	Differentiation Training	47
综合练习	Comprehensive Exercises	51
课后自测题	After Class Self-test Exercises	58

第五课　声母分辨(三) 59
Lesson Five　Differentiation of Initials (三)

读音分辨	Differentiation of Pronunciation	59
分辨训练	Differentiation Training	60
综合练习	Comprehensive Exercises	64
课后自测题	After Class Self-test Exercises	71

第六课　单韵母分辨 72
Lesson Six　Differentiation of Simple Finals

读音分辨	Differentiation of Pronunciation	72
分辨训练	Differentiation Training	73
综合练习	Comprehensive Exercises	77
课后自测题	After Class Self-test Exercises	83

第七课　复韵母分辨 85
Lesson Seven　Differentiation of Compound Finals

读音分辨	Differentiation of Pronunciation	85
分辨训练	Differentiation Training	86
综合练习	Comprehensive Exercises	89
课后自测题	After Class Self-test Exercises	97

第八课　鼻韵母分辨 98
Lesson Eight　Differentiation of Nasal Finals

读音分辨	Differentiation of Pronunciation	98
分辨训练	Differentiation Training	99
综合练习	Comprehensive Exercises	102
课后自测题	After Class Self-test Exercises	110

第九课　轻声和"啊"的音变分辨 ……… 111
Lesson Nine　Differentiation of Neutral Tone and Changes in the Pronunciation of "啊"

一、轻声分辨　Differentiation of Neutral Tone ……… 111
　　读音分辨　Differentiation of Pronunciation ……… 111
　　分辨训练　Differentiation Training ……… 112

二、"啊"的音变分辨　Differentiation of Changes in Pronunciation of "啊" ……… 113
　　读音分辨　Differentiation of Pronunciation ……… 113
　　分辨训练　Differentiation Training ……… 114

综合练习　Comprehensive Exercises ……… 118
课后自测题　After Class Self-test Exercises ……… 127

第十课　儿化分辨 ……… 128
Lesson Ten　Differentiation of r-Ending Retroflexion

读音分辨　Differentiation of Pronunciation ……… 128
分辨训练　Differentiation Training ……… 129
综合练习　Comprehensive Exercises ……… 131
课后自测题　After Class Self-test Exercises ……… 140

第十一课　散文朗读 ……… 142
Lesson Eleven　Prose Reading

朗读技巧　Reading Techniques ……… 142
朗读训练　Reading Training ……… 142
一、《猫和老鼠》　The Cat and the Mouse ……… 142
二、《难以想象的抉择》　The Unimaginable Choice ……… 146
三、《海燕》　The Petrel ……… 150

生词语总表 ……… 156
Complete List of New Words

专名总表 ·· 161
Complete List of Proper Nouns

附　录　**Appendix** ·· 162

　一、汉语普通话音节拼写规则表
　　　Table of Spelling Rules for Syllables in Chinese Mandarin ················ 162

　二、汉语普通话声母表　Table of Initials in Chinese Mandarin ············· 164

　三、汉语普通话韵母表　Table of Finals in Chinese Mandarin ··············· 165

　四、部分练习答案　Answers to Parts of the Exercises ·························· 166

　五、课后自测题答案　Answers to After Class Self-test Exercises ········· 210

第一课　音节分辨
Lesson One　Differentiation of Syllables

音节分辨
Differentiation of Syllables

外国学生学习汉语的音节,由于受母语的影响,往往在拼读和拼写这两方面分辨不清。如日本学生常把"xì(细)"拼读成"sì",蒙古学生把"jiāo(交)"拼读成"zhiāo"。造成这种情况的一个重要原因,是他们对汉语音节的拼读规律不了解或不熟悉。汉语普通话语音系统中,声母和韵母的拼读不是随意的,有一定的规律,掌握了这些规律,这些错误是可以避免的。音节拼读的一般规律如下表:

普通话声韵拼合表

Table of Combinations of Initials and Finals in Mandarin

拼合＼韵母＼声母	没有i、u、ü的韵母	i和有i韵头的韵母	u和有u韵头的韵母	ü和有ü韵头的韵母
b p m	能拼	能拼	只跟u拼	不能拼
f	能拼	不能拼	只跟u拼	不能拼
d t	能拼	能拼	能拼	不能拼
n l	能拼	能拼	能拼	能拼
g k h	能拼	不能拼	能拼	不能拼
j q x	不能拼	能拼	不能拼	能拼
zh ch sh r	能拼	不能拼	能拼	不能拼
z c s	能拼	不能拼	能拼	不能拼

许多外国学生常把"hài'àn(海岸)"拼写成"hǎiàn",把"xiǎoyú(小鱼)"拼写成"xiǎoú",把"tǎolùn(讨论)"拼写成"tǎoluèn",把"yīfu(衣服)"拼写成"īfu",把"guīju(规矩)"拼写成"guījü",这也是他们对汉语音节的拼写规则不熟悉造成

的。有关音节的拼写规则已在本教程"基础篇"第一、二、三、四课的"拼写规则提示"中讲过,并且还将在下面的"分辨训练"中谈到,这里就不再重复了。

分辨训练
Differentiation Training

一、音节结构分辨 Differentiation of the Structure of the Syllables

(一)单韵母音节分辨

1. 单韵母和声调构成的音节。

请跟读:

à (啊)	ò (哦)	è (饿)
yí (姨)	wú (吴)	yú (鱼)
èr (二)		

2. 声母、单韵母和声调构成的音节。

请跟读:

| fà (珐) | mò (莫) | tè (特) |
| dǐ (底) | tǔ (土) | nǚ (女) |

(二)复韵母音节分辨

1. 复韵母和声调构成的音节。

请跟读:

ài (艾)	èi (欸)	ào (澳)	yà (亚)
wà (袜)	òu (怄)	wò (卧)	yè (夜)
yuè (越)	wài (外)	wèi (味)	yào (要)
yòu (又)			

2. 声母、复韵母和声调构成的音节。

请跟读：

cǎi （踩）	zǎo （早）	shǒu （手）
guō （锅）	huā （花）	hēi （黑）
jiě （姐）	qiǎ （卡）	xuě （雪）
huài （坏）	piào （票）	zhài （债）
qiú （球）	liú （留）	shuí （谁）

（三）鼻韵母音节分辨

1. 鼻韵母和声调构成的音节。

请跟读：

àn （按）	yàn （燕）	wàn （万）
yuān （渊）	ēn （恩）	yīn （因）
wèn （问）	yùn （运）	wèng （瓮）
áng （昂）	yáng （洋）	wáng （王）
ēng （鞥）	yīng （英）	yōng （拥）

2. 声母、鼻韵母和声调构成的音节。

请跟读：

chàn （颤）	sòng （宋）	lùn （论）
niǎn （捻）	běn （本）	mǐn （敏）
guàn （惯）	jùn （俊）	bàng （棒）
liàng （亮）	zhuàng （壮）	lèng （愣）
líng （玲）	xióng （熊）	chóng （虫）

二、音节拼读规则分辨 Differentiation of the Combination Rules of the Syllables

1. b、p、m、f 只跟 o 拼读，不跟 e 拼读（"me"除外）。

（1）请跟读：

bo

bóshì （博士）	bōcài （菠菜）	bólǐ （薄礼）
zhuǎnbō （转播）	dànbó （淡薄）	qiūbō （秋波）

po

| pōdì | （坡地） | pòqiè | （迫切） | pòfèi | （破费） |
| shānpō | （山坡） | piáopō | （瓢泼） | húpō | （湖泊） |

mo

| mòchē | （末车） | mòshēng | （陌生） | mòfēi | （莫非） |
| zhémó | （折磨） | ànmó | （按摩） | zhōumò | （周末） |

fo

| fójīng | （佛经） | fóshǒu | （佛手） | fósì | （佛寺） |
| huófó | （活佛） | niànfó | （念佛） | shí fó | （石佛） |

(2) 请改错：

① 播 bē（　　　）　　② 破 pè（　　　）

③ 摸 mē（　　　）　　④ 佛 fé（　　　）

2. b、p、m、f 只跟 eng 拼读，不跟 ong 拼读。

(1) 请跟读：

beng

| bēngdài | （绷带） | béng shuō | （甭说） | bèngfā | （迸发） |
| xuěbēng | （雪崩） | jǐnbēngbēng | （紧绷绷） | shuǐbèng | （水泵） |

peng

| péngbó | （蓬勃） | pēngtiáo | （烹调） | péngzhàng | （膨胀） |
| liángpéng | （凉棚） | chuīpěng | （吹捧） | kēpèng | （磕碰） |

meng

| mēngpiàn | （蒙骗） | měngliè | （猛烈） | ménglóng | （朦胧） |
| fāmēng | （发蒙） | qǐméng | （启蒙） | liánméng | （联盟） |

feng

| fēngbào | （风暴） | fēngmiàn | （封面） | mìfēng | （蜜蜂） |
| kuángfēng | （狂风） | xìnfēng | （信封） | chóngféng | （重逢） |

(2) 请改错：

① 甭 bóng（　　　）　　② 碰 pòng（　　　）

③ 猛 mǒng（　　　）　　④ 风 fōng（　　　）

第一课 音节分辨

3. d、t、n、l 只跟 eng 拼读,不跟 en 拼读("dèn、nèn"除外)。

(1)请跟读:

deng

| dēngguāng | (灯光) | dēnggāo | (登高) | děngdài | (等待) |
| diàndēng | (电灯) | kāndēng | (刊登) | píngděng | (平等) |

teng

| téngtòng | (疼痛) | téngfēi | (腾飞) | téngxiě | (誊写) |
| shēngténg | (升腾) | zǐténg | (紫藤) | xīnténg | (心疼) |

neng

| nénglì | (能力) | nénggòu | (能够) | nénggàn | (能干) |
| cáinéng | (才能) | chěngnéng | (逞能) | hénéng | (核能) |

leng

| léngjiǎo | (棱角) | lěngcáng | (冷藏) | lèngzhù | (愣住) |
| wǎléng | (瓦楞) | bīnglěng | (冰冷) | fālèng | (发愣) |

(2)请改错:

① 等 děn(　　　) ② 疼 tén(　　　)
③ 能 nén(　　　) ④ 冷 lěn(　　　)

4. d、t 只跟 ing 拼读,不跟 in 拼读。

(1)请跟读:

ding

| dīngníng | (叮咛) | dìnggòu | (订购) | dìngjià | (定价) |
| túdīng | (图钉) | shāndǐng | (山顶) | āndìng | (安定) |

ting

| tīngcóng | (听从) | tíngyuàn | (庭院) | tíngkào | (停靠) |
| dòngtīng | (动听) | cāntīng | (餐厅) | jiātíng | (家庭) |

(2)请改错:

① 订 dìn(　　　) ② 盯 dīn(　　　)
③ 挺 tǐn (　　　) ④ 听 tīn (　　　)

三、音节拼写规则分辨　Differentiation of the Spelling Rules of the Syllables

（一）音节隔音分辨

1. 用(')隔开前音节。

（1）请跟读：

chā'é	（差额）	tiān'é	（天鹅）	qǐ'é	（企鹅）
nǚ'ér	（女儿）	yīn'ér	（因而）	nán'ér	（男儿）
kù'ài	（酷爱）	yǒu'ài	（友爱）	bēi'āi	（悲哀）
chén'āi	（尘埃）	mò'āi	（默哀）	bó'ài	（博爱）
dòu'ōu	（斗殴）	jiā'ǒu	（佳偶）	zuò'ǒu	（作呕）
píng'ān	（平安）	mǎ'ān	（马鞍）	fāng'àn	（方案）
hēi'àn	（黑暗）	hǎi'àn	（海岸）	shū'àn	（书案）

（2）请改错：

① 友爱 yǒuài（　　　　）　② 平安 píngān（　　　　）

③ 天鹅 tiāné（　　　　）　④ 作呕 zuòǒu（　　　　）

⑤ 女儿 nǚér（　　　　）

2. 用字母 y、w 隔开前音节。

（1）请跟读：

qiānyí	（迁移）	báiyín	（白银）	huānyíng	（欢迎）
gǔwǔ	（鼓舞）	dàiyù	（待遇）	zhuóyuè	（卓越）
bàoyuàn	（抱怨）	mìngyùn	（命运）		

qìyā	（气压）	bànyè	（半夜）	bìyào	（必要）
bǎoyòu	（保佑）	chōuyān	（抽烟）	zhōngyāng	（中央）
qiānwǎ	（千瓦）	xiǎowǒ	（小我）	jiǎo wǎi	（脚崴）
hóngwěi	（宏伟）	bǎiwàn	（百万）	fǎngwèn	（访问）
xīwàng	（希望）	shuǐwèng	（水瓮）		

(2) 请改错：

① 衣 ī （　　　） ② 鱼 ǘ （　　　） ③ 午 ǔ （　　　）
④ 因 īn （　　　） ⑤ 约 üē （　　　） ⑥ 应 ìng （　　　）
⑦ 圆 üán （　　　） ⑧ 云 ǘn （　　　） ⑨ 牙 iá （　　　）
⑩ 眼 iǎn （　　　） ⑪ 娃 uá （　　　） ⑫ 弯 uān （　　　）
⑬ 也 iě （　　　） ⑭ 样 iàng （　　　） ⑮ 翁 uēng （　　　）
⑯ 我 uǒ （　　　） ⑰ 闻 uén （　　　） ⑱ 腰 iāo （　　　）
⑲ 永 iǒng （　　　） ⑳ 外 uài （　　　） ㉑ 忘 uàng （　　　）
㉒ 有 iǒu （　　　） ㉓ 为 uèi （　　　）

（二）省写分辨

1. 复韵母 iou、uei、uen 前有声母时，要省写成 iu、ui、un，声调标在 iu、ui 的后元音上。

（1）请跟读：

jiǔ （久）	qiǔ （糗）	xiǔ （朽）
zuì （最）	cuì （脆）	suì （岁）
zhǔn （准）	chǔn （蠢）	shǔn （吮）

（2）请改错：

① 久 jiǒu （　　　） ② 最 zuèi （　　　） ③ 准 zhuěn （　　　）
④ 求 qióu （　　　） ⑤ 脆 cuèi （　　　） ⑥ 春 chuēn （　　　）
⑦ 休 xiōu （　　　） ⑧ 虽 suēi （　　　） ⑨ 吮 shuěn （　　　）

2. 声母 j、q、x 跟 ü 拼时省去上面的两点。

（1）请跟读：

jǔ （举）	qǔ （曲）	xǔ （许）
jué （决）	qué （瘸）	xué （学）
juàn （眷）	quàn （劝）	xuàn （绚）
jūn （军）	qūn （逡）	xūn （熏）

但是,要注意的是:n、l 既可以跟 u 拼,也可以跟 ü 拼。

请跟读:

| nù | (怒) | nǜ | (恶) | nüè | (疟) |
| lù | (路) | lǜ | (绿) | lüè | (掠) |

(2) 请改错:

① 居 jū （　　） ② 决 jué （　　） ③ 卷 juàn （　　）
④ 军 jūn （　　） ⑤ 取 qǔ （　　） ⑥ 缺 quē （　　）
⑦ 劝 quàn （　　） ⑧ 群 qún （　　） ⑨ 需 xū （　　）
⑩ 雪 xuě （　　） ⑪ 选 xuǎn （　　） ⑫ 寻 xún （　　）
⑬ 女 nǔ （　　） ⑭ 路 lǜ （　　）

(三) 标调分辨

1. 声调的位置。

拼写时要注意声调在音节中的位置。标声调有一个口诀:

单个 a 母不会错,
a 母出现别放过,
没有 a 母找 o、e,
i、u 并起标最末。

(1) 请跟读:

ā	(啊)	báo	(薄)	guài	(怪)
bǒ	(跛)	guó	(国)	mǒu	(某)
lè	(乐)	miè	(灭)	nüè	(疟)
suí	(随)	zuì	(最)	shuǐ	(水)

(2) 请改错:

① 早 zaǒ （　　） ② 柴 chaí （　　） ③ 接 jīe （　　）
④ 学 xúe （　　） ⑤ 国 gúo （　　） ⑥ 年 nían （　　）
⑦ 聊 líao （　　） ⑧ 转 zhuǎn （　　） ⑨ 周 zhōu （　　）

2. 轻声不标调。

《汉语拼音方案》规定：轻声不标声调。

（1）请跟读：

xiānsheng（先生）	yéye（爷爷）	nǎinai（奶奶）
bàba（爸爸）	māma（妈妈）	shūshu（叔叔）
gūgu（姑姑）	jiùjiu（舅舅）	gēge（哥哥）
jiějie（姐姐）	mèimei（妹妹）	gūniang（姑娘）
shēnshang（身上）	tóufa（头发）	yǎnjing（眼睛）
méimao（眉毛）	bízi（鼻子）	ěrduo（耳朵）

（2）请改错：

① 桌子 zhuōzǐ（　　　　）　② 先生 xiānshēng（　　　　）

③ 姐姐 jiějiě（　　　　）　④ 看看 kànkàn（　　　　）

综合练习
Comprehensive Exercises

一、听写音节　Dictation of the Syllables

1. 水果（　　　）　2. 博学（　　　）
3. 裙子（　　　）　4. 路口（　　　）
5. 原来（　　　）　6. 约会（　　　）
7. 省略（　　　）　8. 雨衣（　　　）
9. 女儿（　　　）　10. 偶尔（　　　）
11. 本能（　　　）　12. 冷门（　　　）
13. 肯定（　　　）　14. 风声（　　　）
15. 平安（　　　）　16. 准备（　　　）
17. 休息（　　　）　18. 解决（　　　）
19. 最近（　　　）　20. 运用（　　　）

二、谜语和古诗 Riddles and Ancient Poems

(一) 谜语

1. 请边听边给谜语的拼音标出声调,注意画横线音节的读音。

Yan kan nanshan yun man tian.　　　　(dǎ yí dìmíng)

汉字: 眼看南山云满天。　　　　　　　　　(打一地名)

2. 下面哪个选项是谜底?

　A. 河南(Hénán)　　　B. 云南(Yúnnán)　　　C. 湖南(Húnán)

(二) 古诗:《登鹳雀楼》 On the Stork Tower

1. 请边听边给古诗的拼音标出声调,然后跟读,注意画横线音节的拼写规则。

Deng Guanque Lou (Wang Zhihuan)

Bai ri yi shan jin,

Huang He ru hai liu.

Yu qiong qian li mu,

Geng shang yi ceng lou.

2. 请看着汉字读古诗,注意声调。

登鹳雀楼(王之涣)

白日依山尽,　　太阳依傍着群山慢慢地落下,
黄河入海流。　　奔腾的黄河昼夜不停地流向大海。
欲穷千里目,　　如果你想看到更远的景色,
更上一层楼。　　那就站得更高一点儿,再登上一层楼。

第一课　音节分辨

三、短文　Short Articles

（一）《粗糙的小板凳》　*The Crudely-made Little Wooden Bench*

1. 请边听边给短文句子的拼音标出声调,然后跟读。

（1）Aiyinsitan ku'ai shougongke, yi ci ta xiang zuo yi ge mutou de xiao bandeng.
爱因斯坦酷爱手工课,一次他想做一个木头的小板凳。

（2）Xia ke shi, tongxuemen ba ziji de zuopin dou jiao gei nülaoshi, Aiyinsitan yinwei jiao bu chu ziji de zuopin hen zhaoji.
下课时,同学们把自己的作品都交给女老师,爱因斯坦因为交不出自己的作品很着急。

（3）Nülaoshi xiangxin zhe ge zai shuxue deng fangmian dou hen chuse de nanhair yiding hui jiao gei ta yi jian hao zuopin.
女老师相信这个在数学等方面都很出色的男孩儿一定会交给她一件好作品。

（4）Di er tian, Aiyinsitan jiao gei laoshi de shi yi ge hen cucao de xiao bandeng.
第二天,爱因斯坦交给老师的是一个很粗糙的小板凳。

（5）Nülaoshi bu manyi de shuo:"Wo xiang shijie shang bu hui zai you bi zhe geng huai de dengzi le." Tongxuemen hongxiao qilai.
女老师不满意地说:"我想世界上不会再有比这更坏的凳子了。"同学们哄笑起来。

（6）Aiyinsitan hongzhe lian zoudao laoshi de genqian shuo: "You, laoshi, hai you bi zhe geng huai de dengzi."
爱因斯坦红着脸走到老师的跟前说:"有,老师,还有比这更坏的凳子。"

（7）Suiran ta bing bu shi ren manyi, keshi biqi qian liang ge zong yao qiang yixie.

虽然它并不使人满意，可是比起前两个总要强一些。

（8）Nǚlaoshi qinqie de diandian tou, tongxuemen ye xiang ta touqu zanxu de muguang.

女老师亲切地点点头，同学们也向他投去赞许的目光。

（9）Zhe ge xiao gushi rang women kandaole Aiyinsitan de renxing.

这个小故事让我们看到了爱因斯坦的韧性。

（10）Wulun zuo shenme shi, ta dou yao zuo de zui hao, rang ziji de qianneng chongfen fahui.

无论做什么事，他都要做得最好，让自己的潜能充分发挥。

2. 请边听边在短文的汉字上方标出声调，然后跟读，注意画横线汉字的拼音规则。

粗糙的小板凳

小时候，爱因斯坦酷爱手工课。一次他想做一个木头
　　　　　(yin)　　(ku'ai)　　　　　(yi)　　　　(yi)

的小板凳，下课时，同学们把自己的作品都交给女老师，爱
　　　　　　　　　(xue)　　　　　　　　　　　　(nü)

因斯坦因为交不出自己的作品很着急。女老师相信这个
(yin)　(yin)(wei)　　　　　　　　　　　(nü)

在数学等方面都很出色的男孩儿一定会交给她一件好作品。
　　(xue)　　　　　　　　　　(yi) (hui)　　　(yi)

第二天，爱因斯坦交给女老师的是一个粗糙的小板凳。女老师不满意地说：
　　　　　　(yin)　　　　(nü)　　　(yi)　　　　　　　　　(nü)　　　　(yi)

"我想世界上不会再有比这更坏的凳子了。"同学们哄笑起来。爱因斯坦红着脸
　　　　　(hui) (you)　　　　　　　　　　　　　(xue)　　　　　(yin)

走到女老师的跟前说:"有,老师,还有比这更坏的凳子。"说完,他走回自己的座
　　　(nü)　　　　　(you)　　　(you)　　　　　　　　　　(wan)　　(hui)

位,从书桌下拿出两个更为粗糙的小板凳,说:"这是我第一次和第二次做的,刚
(wei)　　　　　　　　(wei)　　　　　　　　　　　(yi)

才交给老师的是第三个木板凳,虽然它并不使人满意,可是比起前两个总要强一
　　　　　　　　　　　　　　(sui)　　　　　　(yi)　　　　　　　　(yao)(yi)

些。"女老师亲切地点点头,同学们也向他投去赞许的目光。这个小故事让我们
　　　(nü)　　　　　　　　　(xue)(ye)　　　(xu)

看到了爱因斯坦的韧性,无论做什么事,他都要做得最好,让自己的潜能充分发
　　　(yin)　　　　　(wu)(lun)　　　　　　(yao)　　(zui)

挥。
(hui)

生词语　New Words

粗糙	cūcāo	(形)	crudely made	粗末 투박하다, 거칠다
板凳	bǎndèng	(名)	wooden bench	腰掛(木製で背もたれはない) (등받이 없는) 나무 의자
手工课	shǒugōngkè	(名)	manual class	手作り 수공 수업
作品	zuòpǐn	(名)	works	作品 작품
出色	chūsè	(形)	remarkable	拔群の 특별 훌륭하다, 뛰어나다
哄笑	hōngxiào		break into loud laughter	どっと笑う 떠들썩하다
投	tóu	(动)	cast	投げる (물건, 눈길 등을)던지다

赞许	zànxǔ	（动）	praise	称賛する 칭찬하다
韧性	rènxìng	（名）	toughness	強靭性 강인, 끈기
潜能	qiánnéng	（名）	latent capacity	潜在能力 잠재력
充分	chōngfèn	（形）	full, ample	充分な 충분하다
发挥	fāhuī	（动）	bring into play	発揮する 발휘하다

专名　Proper Nouns

| 爱因斯坦 | Àiyīnsītǎn | Einstein | アインシュタイン
아인슈타인 |

（二）《留有余地》 Leave Yourself a Way Out

1. 请边听边给短文句子的拼音标出声调,然后跟读。

(1) Yamaxun He redai yu lin zhong you yi zhong jiao yixiong de dongwu.
亚马逊河热带雨林中有一种叫蚁熊的动物。

(2) Zhe zhong yixiong shi shijie shang zui da de shi yi shou.
这种蚁熊是世界上最大的食蚁兽。

(3) Ran'er, rang ren da wei jingtan de shi yixiong you yi zhong xixing: ta chi mayi shi jue bu zhan jin sha jue.
然而,让人大为惊叹的是蚁熊有一种习性:它吃蚂蚁时绝不斩尽杀绝。

(4) Dang ta paokai mei yi ge you cheng qian shang wan zhi mayi de yixue shi, jiu zhi chi qizhong yi xiao bufen.
当它刨开每一个有成千上万只蚂蚁的蚁穴时,就只吃其中一小部分。

(5) Ta dui shengxia de mayi bu wen bu wen, jingzhi qu xunzhao xia yi ge mubiao.

它对剩下的蚂蚁不闻不问,径直去寻找下一个目标。

(6) Yixiong qingchu de zhidao, yao shi ziji de zhongqun shengcun xiaqu, jiu bixu you mayi jiazu de sheng sheng bu xi.

蚁熊清楚地知道,要使自己的种群生存下去,就必须有蚂蚁家族的生生不息。

(7) Yixiong shangqie zhidao liu you yu di, "jihua" shiyong ziyuan, renlei bu gai san si er hou xing ma?

蚁熊尚且知道留有余地,"计划"使用资源,人类不该三思而后行吗?

2. 请边听边在画横线汉字右边的括号里写出音节。

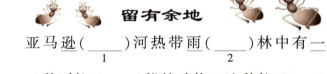

留有余地

亚马逊(___)河热带雨(___)林中有一
　　　　　1　　　　　　　　2

(___)种叫蚁(___)熊的动物。这种蚁(___)
　3　　　　　4　　　　　　　　　　5

熊是世界上最(___)大的食蚁(___)兽,每天要
　　　　　　6　　　　　　7

吃1.6万只蚂蚁(___)。
　　　　　　　8

然而(___),让人大为惊叹的是蚁(___)熊
　　9　　　　　　　　　　　　10

有一(___)种习性:它吃蚂蚁(___)时绝(___)不斩尽杀绝(___),当它刨开每
　　11　　　　　　　　12　　　　13　　　　　　　14

一(___)个有成千上万(___)只蚂蚁(___)的蚁(___)穴(___)时,它就(___)
15　　　　　　　　　16　　　　　17　　　　18　　19　　　　　20

只吃其中一(___)小部分,最(___)多为(___)500只,它对(___)剩下的蚂
　　　　　21　　　　　22　　　23　　　　　24

蚁(___)不闻(___)不问(___),径直去寻(___)找下一(___)个目标。可见,
25　　　　26　　　　27　　　　　　28　　　　　29

蚁(___)熊清楚地知道,要使自己的种群(___)生存(___)下去,就(___)必
30　　　　　　　　　　　　　　　　31　　　　32　　　　33

须(＿＿)有蚂蚁(＿＿)家族的生生不息。
　　　　34　　　　　35

蚁(＿＿)熊尚且知道留(＿＿)有(＿＿)余(＿＿)地,"计划"使用资源(＿＿),
　　36　　　　　　　　37　　　38　　　39　　　　　　　　　　40
人类不该三思而后行吗？

3. 请边听边在短文的汉字上方标出声调,然后跟读。

留有余地

　　亚马逊河热带雨林中有一种叫蚁熊的动物。这种蚁熊是世界上最大的食蚁兽,每天要吃1.6万只蚂蚁。

　　然而,让人大为惊叹的是蚁熊有一种习性:它吃蚂蚁时绝不斩尽杀绝,当它刨开每一个有成千上万只蚂蚁的蚁穴时,它就只吃其中一小部分,最多为500只,它对剩下的蚂蚁不闻不问,径直去寻找下一个目标。可见,蚁熊清楚地知道,要使自己的种群生存下去,就必须有蚂蚁家族的生生不息。

　　蚁熊尚且知道留有余地,"计划"使用资源,人类不该三思而后行吗？

生词语　New Words

蚁熊	yǐxióng	(名)	a kind of bear that eats ants	蟻食　개미를 먹는 곰
食	shí	(动)	eat	食べる　먹다
兽	shòu	(名)	beast	けもの　짐승
惊叹	jīngtàn	(动)	wonder at (with admiration)	驚嘆する　경탄하다
习性	xíxìng	(名)	habits and characteristics	習性　습성

斩尽杀绝	zhǎn jìn shā jué		kill all, wipe out, exterminate	皆殺しにする 몰살시키다
刨	páo	（动）	dig	掘る 파다, 파내다
穴	xué	（名）	hole, den	あな 동굴, 구멍
不闻不问	bù wén bú wèn		not concerned, indifferent	全く無関心である 남의 말을 듣지도 묻지도 않다
径直	jìngzhí	（副）	straight	まっすぐに 곧장, 곧바로
生生不息	shēng shēng bù xī		live on	根断やしにしない 끊임없이 번식하다
尚且	shàngqiě	（连）	even	でさえなお 〜조차, 〜마저도
三思而后行	sān sī ér hòu xíng		think thrice before you act	よく考えてから行う 여러번 거듭 생각한 후에 실행하다

专名 Proper Nouns

亚马逊河	Yàmǎxùn Hé	Amazon River	アマゾン 아마존 강

课后自测题
After Class Self-test Exercises

一、请边听边在括号里写出双音词的音节，注意拼写规则 Please listen and write down the syllables of the disyllabic words in the brackets and pay attention to the spelling rules

1. 图案（   ）   2. 酷爱（   ）   3. 上颚（   ）
4. 婴儿（   ）   5. 饥饿（   ）   6. 然而（   ）
7. 反而（   ）   8. 配偶（   ）   9. 时而（   ）
10. 衣服（   ） 11. 音乐（   ） 12. 跳舞（   ）
13. 问题（   ） 14. 雨衣（   ） 15. 秋天（   ）
16. 决定（   ） 17. 学习（   ） 18. 军人（   ）
19. 公园（   ） 20. 女人（   ） 21. 绿色（   ）
22. 努力（   ） 23. 马路（   ） 24. 凉水（   ）
25. 晚上（   ） 26. 友好（   ） 27. 讨论（   ）
28. 小孩儿（   ） 29. 会议（   ） 30. 北京（   ）

二、请边听边在括号里写出双音词的声调 Please listen and write down the tones of the disyllabic words in the brackets

1. 菠菜（   ）   2. 泼辣（   ）   3. 陌生（   ）
4. 烹调（   ）   5. 做梦（   ）   6. 电灯（   ）
7. 能力（   ）   8. 冷冻（   ）   9. 听取（   ）
10. 停止（   ）

第二课　声调分辨
Lesson Two　Differentiation of Tones

读音分辨
Differentiation of Pronunciation

汉语的声调是外国学生共同的难点。带声调的双音词,有 16 种声调的组合,使本来就很难学的声调,更不容易分辨。尤其是下面的两组:

1. 第一声与第四声的组合

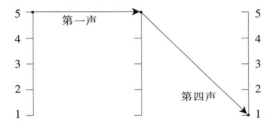

2. 第二声与第三声的组合

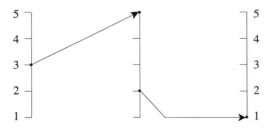

这两组声调之所以难掌握,是因为每组中的两个声调差异太大或过于接近,使外国学生感到不习惯。第一组发音时,两个音节起音的舌位很高,都是 5 度。不同的是,第一声一直保持着又高又平的声调,例如"shēng"(声);而第四声由高音降到低音,即由 5 度降到 1 度,例如"diào"(调)。

第二组发音时,第二声的舌位是 3 度,第三声的舌位是 2 度。两者起音的舌位很接近,稍不注意就会或发成第二声,或发成第三声。因此,在发第二声时,起音的舌位要高,后面的音要更高,升到 5 度,例如"quán"(全);在发第三声时,起音的舌位要低,后面的音不再升高,例如"tǐ"(体)。

另外,"一"、"不"在后一个音节前的变调也是外国学生发音的难点。见下图:

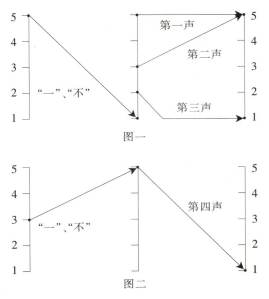

从上面的声调示意图中可以看出:图一中"一"和"不"的发音要先从最高的5度,降到最低的1度,然后再升高读成第一声、第二声和第三声;图二中"一"和"不"的发音是先从3度升到最高的5度,然后下降到最低的1度,读成第四声。这两图中"一"和"不"的声调都是或降或升,发音难度大,也难掌握。

分辨训练
Differentiation Training

一、双音词声调分辨 Differentiation of the Tones of the Disyllabic Words

(一) 第一声与四个声调组成的双音词声调分辨

1. 第一声与第一声的组合

请跟读:

cānguān	(参观)	chūchāi	(出差)
fāshāo	(发烧)	gānbēi	(干杯)
kāiguān	(开关)	sījī	(司机)

ānxīn　　（安心）　　　　jiāoqū　　（郊区）

2. 第一声与第二声的组合
请跟读：

ānpái　　　（安排）　　　zhuānmén　（专门）
zhōngwén　（中文）　　　xiāngtóng　（相同）
zhōuwéi　　（周围）　　　xūqiú　　　（需求）
xīnnián　　（新年）　　　jīngcháng　（经常）

3. 第一声与第三声的组合
请跟读：

bānzhǎng　（班长）　　　cāochǎng　（操场）
fēngjǐng　（风景）　　　gēqǔ　　　（歌曲）
jiāowǎng　（交往）　　　kāishǐ　　（开始）
shēnqǐng　（申请）　　　sīkǎo　　 （思考）

4. 第一声与第四声的组合
请跟读：

ānwèi　　（安慰）　　　chāoguò　（超过）
chūjìng　（出境）　　　fāpiào　　（发票）
chūxiàn　（出现）　　　fēnbiàn　（分辨）
gōngfèi　（公费）　　　jūzhù　　（居住）

5. 听音节写出声调

（1）　　　　　（2）　　　　　（3）　　　　　（4）

（5）　　　　　（6）　　　　　（7）　　　　　（8）

（9）　　　　　（10）　　　　　（11）　　　　　（12）

（13）　　　　　（14）　　　　　（15）　　　　　（16）

(17)　　　　　(18)　　　　　(19)　　　　　(20)

(二) 第二声与四个声调组成的双音词声调分辨

1. 第二声与第一声的组合

请跟读：

hángtiān	（航天）	báitiān	（白天）
céngjīng	（曾经）	jíjiāng	（即将）
juéxīn	（决心）	píng'ān	（平安）
qiántiān	（前天）	shízhuāng	（时装）

2. 第二声与第二声的组合

请跟读：

cáinéng	（才能）	chéngrén	（成人）
cízhí	（辞职）	fúhé	（符合）
guójí	（国籍）	héliú	（河流）
hóngchá	（红茶）	jígé	（及格）

3. 第二声与第三声的组合

请跟读：

báijiǔ	（白酒）	cáichǎn	（财产）
cháguǎn	（茶馆）	cóngcǐ	（从此）
érqiě	（而且）	jíshǐ	（即使）
jiéguǒ	（结果）	qiúchǎng	（球场）

4. 第二声与第四声的组合

请跟读：

báicài	（白菜）	bóshì	（博士）
búduàn	（不断）	cáiliào	（材料）
chéngjì	（成绩）	chéngkè	（乘客）
cídài	（磁带）	cúnfàng	（存放）

5. 听音节写出声调

（1）　　　　（2）　　　　（3）　　　　（4）

（5）　　　　（6）　　　　（7）　　　　（8）

（9）　　　　（10）　　　（11）　　　（12）

（13）　　　（14）　　　（15）　　　（16）

（17）　　　（18）　　　（19）　　　（20）

（三）第三声与四个声调组合的双音词声调分辨

1. 第三声与第一声的组合

请跟读：

hǎochī	（好吃）	lǎoshī	（老师）
wǎncān	（晚餐）	yǔyīn	（语音）
zhěngtiān	（整天）	zǒngzhī	（总之）
zhǎnchū	（展出）	shǒudū	（首都）

2. 第三声与第二声的组合

请跟读：

bǎocún	（保存）	gǎnjué	（感觉）
jiǎnzhí	（简直）	jǔxíng	（举行）
lǚxíng	（旅行）	qǐngqiú	（请求）
xiǎoshí	（小时）	yǔyán	（语言）

3. 第三声与第三声的组合

请跟读：

bǎoxiǎn	（保险）	dǎsǎo	（打扫）
diǎnhuǒ	（点火）	hǎojiǔ	（好久）
jiǎngpǐn	（奖品）	kěkǒu	（可口）
ǒu'ěr	（偶尔）	yǒuhǎo	（友好）

4. 第三声与第四声的组合

请跟读：

bǎohù	（保护）	cǎiyòng	（采用）
dǎobì	（倒闭）	gǎibiàn	（改变）
gǎnshòu	（感受）	gǒnggù	（巩固）
hǎiwài	（海外）	jiěshì	（解释）

5. 听音节写出声调

（1） （2） （3） （4）

（5） （6） （7） （8）

（9） （10） （11） （12）

（13） （14） （15） （16）

（17） （18） （19） （20）

（四）第四声与四个声调组成的双音词声调分辨

1. 第四声与第一声的组合

请跟读：

bìxū	（必须）	bù'ān	（不安）
bùjīn	（不禁）	dàdōu	（大都）
dàyuē	（大约）	dòujiāng	（豆浆）
fàngxīn	（放心）	hùxiāng	（互相）

2. 第四声与第二声的组合

请跟读：

ànshí	（按时）	bànsuí	（伴随）
bìrán	（必然）	bìngrén	（病人）
bùshí	（不时）	diànchí	（电池）
fùxí	（复习）	jìjié	（季节）

3. 第四声与第三声的组合
请跟读：

bànlǐ	（办理）	bàozhǐ	（报纸）
bùguǎn	（不管）	dàshǐ	（大使）
dàodǐ	（到底）	fù kuǎn	（付款）
hòuhuǐ	（后悔）	huòzhě	（或者）

4. 第四声与第四声的组合
请跟读：

bànlù	（半路）	bìmù	（闭幕）
cuòwù	（错误）	dàgài	（大概）
jìmò	（寂寞）	dìwèi	（地位）
diànshì	（电视）	fàngjià	（放假）

5. 听音节写出声调

（1） （2） （3） （4）

（5） （6） （7） （8）

（9） （10） （11） （12）

（13） （14） （15） （16）

（17） （18） （19） （20）

二、多音词声调分辨 Differentiation of the Tones of the Polysyllabic Words

请边听边给多音词标出声调，然后跟读。

1. feng tiao yu shun　　　　（风调雨顺）

2. xiong huai guang kuo　　　（胸怀广阔）

3. guang ming lei luo　　　　（光明磊落）

4. jian chi nu li　　　　　　（坚持努力）

5. yin yang shang qu　　　　（阴阳上去）

6. diao chong xiao ji　　　　（雕虫小技）

7. xiu shou pang guan　　　 （袖手旁观）

8. yi kou tong sheng　　　　（异口同声）

9. miao shou hui chun　　　 （妙手回春）

10. ke gu ming xin　　　　　（刻骨铭心）

三、"一"、"不"在音节前的声调分辨　Differentiation of the Tones of "一"、"不" before the Syllables

（一）"一"在音节前的声调分辨

1. "一"在第一声前读第四声

请跟读：

yìbān （一般）	yìshēng （一生）
yìshēn （一身）	yìtiān （一天）
yìxīn （一心）	yìpiē （一瞥）

2. "一"在第二声前读第四声

请跟读：

yìlián （一连）	yìqí （一齐）
yìshí （一时）	yìtóng （一同）
yìxíng （一行）	yìzhí （一直）

3. "一"在第三声前读第四声

请跟读：

yìzǒng （一总）		yìkǒu （一口）
yìzǎo （一早）		yìqǐ （一起）
yìzhǔn （一准）		yìjǔ （一举）

4. "一"在第四声前读第二声

请跟读：

yíbàn （一半）		yídài （一带）
yídìng （一定）		yígòng （一共）
yílù （一路）		yíqiè （一切）

5. 听音节写出"一"的声调

(1) yipiē （一瞥） (2) yixià （一下） (3) yitǐ （一体）

(4) yidào （一道） (5) yiguàn （一贯） (6) yidù （一度）

(7) yizhèn （一阵） (8) yixiē （一些） (9) yiyàng （一样）

（二）"不"在音节前的声调分辨

1. "不"在第一声前读第四声

请跟读：

bùjīn （不禁）	bùxīng （不兴）
bùxiū （不休）	bùyī （不依）
bùgōng （不公）	bùgān （不甘）

2. "不"在第二声前读第四声

请跟读：

bùchéng （不成）	bùzú （不足）
bùhé （不合）	bùrú （不如）
bùxíng （不行）	bùshí （不时）

3. "不"在第三声前读第四声

请跟读：

bùbǐ （不比）	bùguǎn（不管）
bùjiǔ （不久）	bùkě （不可）
bùmǎn （不满）	bùjǐn （不仅）

4. "不"在第四声前读第二声

请跟读：

búbì （不必）	búduì （不对）
búduàn （不断）	búcuò （不错）
búliào （不料）	búdàn （不但）

5. 听音节写出"不"的声调

(1) bu chī （不吃） (2) bu qǐng（不请） (3) bu quán（不全）

(4) bu zǒu （不走） (5) bu kàn （不看） (6) buzhōu （不周）

(7) bu zhòng（不种） (8) bu ná （不拿） (9) bu gěi （不给）

综合练习
Comprehensive Exercises

一、听写音节 Dictation of the Syllables

1. 安心（　　　　） 2. 农业（　　　　）
3. 一切（　　　　） 4. 内行（　　　　）
5. 白天（　　　　） 6. 洗澡（　　　　）
7. 一样（　　　　） 8. 演奏（　　　　）
9. 苦心（　　　　） 10. 葬礼（　　　　）
11. 不怕（　　　　） 12. 会议（　　　　）
13. 救灾（　　　　） 14. 展览（　　　　）

15. 学习（   ）　　16. 不顾（   ）
17. 来往（   ）　　18. 四周（   ）
19. 旅行（   ）　　20. 开放（   ）

二、谜语和古诗　Riddles and Ancient Poems

（一）谜语

1. 请边听边给谜语的拼音标出声调。

　　　Xiezi luo zai jiangxin zhong.　　（dǎ yí dìmíng）

汉字：蝎子落在江心中。　　　　　　（打一地名）

2. 下面哪个选项是谜底？

　　A. 江西(Jiāngxī)　　B. 江苏(Jiāngsū)　　C. 浙江(Zhèjiāng)

（二）古诗：《春晓》　*Spring Morning*

1. 请边听边给古诗的拼音标出声调，然后跟读，注意声调。

Chun xiao (Meng Haoran)

Chun mian bu jue xiao,

Chu chu wen ti niao。

Ye lai feng yu sheng,

Hua luo zhi duo shao?

2. 请看着汉字读古诗，注意声调。

春　晓（孟浩然）

春眠不觉晓，	春夜人们睡得很香，不觉天已经大亮了，
处处闻啼鸟。	窗外传来声声鸟鸣。
夜来风雨声，	想起昨夜的风声和雨声，
花落知多少？	外面的花朵该吹落了多少呢？

三、短文 Short Articles

（一）《给自己留点儿距离》 Keep Distance From the Others

1. 请边听边给短文句子的拼音标出声调，然后跟读。

(1) You wei yinyuejia neng yanzou xuduo haoting de yuequ. You yi tian, ta bei yi wei fuweng qingdao jia zhong biaoyan.
有位音乐家能演奏许多好听的乐曲。有一天，他被一位富翁请到家中表演。

(2) Ruguo ni neng ba jintian de yuequ bu ting de yanzou xiaqu, wo jiu song gei ni hen duo qian.
如果你能把今天的乐曲不停地演奏下去，我就送给你很多钱。

(3) Youmei de yinyue dui ta lai shuo yi bianchengle taoyan de zaoyin.
优美的音乐对他来说已变成了讨厌的噪音。

(4) Shenghuo mei tian dou hui yinwei chongman xiwang er shi ren juede xinxian youqu.
生活每天都会因为充满希望而使人觉得新鲜有趣。

2. 请边听边在短文的汉字上方标出声调，然后跟读。

给自己留点儿距离

有位音乐家能演奏许多好听的乐曲。有一天，他被一位富翁请到家中表演。音乐让富翁感到十分高兴，他对音乐家说，如果你能把今天的乐曲不停地演奏下去，我就送给你很多钱。音乐家同意了。他三天三夜没有停，一遍又一遍地演奏那几首乐曲。第四天，富翁就不想听了，优美的音乐对他来说已变成了讨厌的噪音。第五天，富翁实在受不了了，给了音乐家钱，让他走了。

第二课　声调分辨

许多东西，我们觉得好，是因为我们只能拥有一次。如果太多了，就会变得平淡无味。人生也一样，给自己留点儿距离，这样，生活每天都会因为充满希望而使人觉得新鲜有趣。

生词语　New Words

距离	jùlí	（名）	distance	距離 간격
讨厌	tǎoyàn	（形）	irritating	嫌だ 싫다, 혐오스럽다
噪音	zàoyīn	（名）	noise (of music)	騒音 소음
平淡	píngdàn	（形）	insipid, dull	平凡である，変化に乏しい 무미건조하다

（二）《再耐心一点儿》 *Have More Patience*

1. 请边听边给短文句子的拼音标出声调，然后跟读。

(1) Yi ge laopopo zai wuzi houmian zhongle yi da pian yumi.
一个老婆婆在屋子后面种了一大片玉米。

(2) Yi ge keli baoman de yumi shuodao: "Shouhuo na tian, laopopo kending xian zhai wo, Yinwei wo shi jinnian zhang de zui hao de yumi."
一个颗粒饱满的玉米说道："收获那天，老婆婆肯定先摘我，因为我是今年长得最好的玉米。"

(3) Di-er tian, laopopo you shouzoule qita de yumi, ke weidu meiyou zhai zhege yumi.
第二天，老婆婆又收走了其他的玉米，可唯独没有摘这个玉米。

(4) Yi tian you yi tian guoqu le, yumi juewang le. Yuanlai baoman de keli bian de ganbie jianying, ta zhunbei he yumiganr yiqi lan zai di li le.
一天又一天过去了，玉米绝望了。原来饱满的颗粒变得干瘪坚硬，它准备和玉米秆儿一起烂在地里了。

(5) Ni shifou you naixin zai juewang de shihou zai deng yixia!
你是否有耐心在绝望的时候再等一下！

2. 请边听边在短文的汉字上方标出声调，然后跟读。

再耐心一点儿

一个老婆婆在屋子后面种了一大片玉米。

一个颗粒饱满的玉米说道："收获那天，老婆婆肯定先摘我，因为我是今年长得最好的玉米。"

可是收获那天，老婆婆并没有把它摘走。"明天，明天她一定会把我摘走。"很棒的玉米自我安慰着。第二天，老婆婆又收走了其他的玉米，可唯独没有摘这个玉米。"明天，老婆婆一定会把我摘走！"很棒的玉米仍然自我安慰着……可老婆婆依然没有来。一天又一天过去了，玉米绝望了，原来饱满的颗粒变得干瘪坚硬，它准备和玉米秆儿一起烂在地里了。

可就在这时,老婆婆来了,一边摘下它,一边说:"这可是今年最好的玉米,用它做种子,明年肯定能种出更棒的玉米!"

也许你一直都很相信自己,但你是否有耐心在绝望的时候再等一下!

生词语　New Words

颗粒	kēlì	(名)	size of a grain, pellet, etc	粒 알, 과립
饱满	bǎomǎn	(形)	plump	飽満な 몽골지다, 풍만하다
棒	bàng	(形)	excellent	良い 훌륭하다, 뛰어나다
唯独	wéidú	(副)	only	ただ, ～だけ 유독, 단지, 오로지
安慰	ānwèi	(动)	console	慰める 위안하다
依然	yīrán	(副)	still, as before	依然として 의연히, 전과 다름없이
绝望	juéwàng	(动)	despair	絶望 절망하다
干瘪	gānbiě	(形)	shrivelled	からからになる 바싹 말라 쪼글쪼글하다
坚硬	jiānyìng	(形)	hard, solid	かたい 굳세다
玉米秆儿	yùmǐgǎnr	(名)	stalk of maize	とうもろこしの茎 옥수수 대(줄기)
烂	làn	(形)	rotten	腐る 썩다

课后自测题
After Class Self-test Exercises

一、请边听边在括号里写出双音词的声调 Please listen and write down the tones of the disyllabic words in the brackets

1. 操场（　　） 2. 公费（　　） 3. 发烧（　　）
4. 经常（　　） 5. 前天（　　） 6. 红茶（　　）
7. 而且（　　） 8. 磁带（　　） 9. 老师（　　）
10. 举行（　　） 11. 打扫（　　） 12. 改变（　　）
13. 互相（　　） 14. 复习（　　） 15. 办理（　　）
16. 电视（　　） 17. 家庭（　　） 18. 寂寞（　　）
19. 博士（　　） 20. 丰收（　　） 21. 重逢（　　）

二、请边听边在括号里写出成语的声调 Please listen and write down the tones of the Chinese idioms in the brackets

1. 一心一意（　　　　） 2. 十全十美（　　　　）
3. 人山人海（　　　　） 4. 力争上游（　　　　）
5. 三心二意（　　　　） 6. 下不为例（　　　　）
7. 大同小异（　　　　） 8. 古道热肠（　　　　）
9. 马到成功（　　　　） 10. 天长地久（　　　　）

第三课　声母分辨(一)
Lesson Three　Differentiation of Initials (一)

读音分辨
Differentiation of Pronunciation

许多外国学生对汉语的6对送气和不送气声母的发音分辨不清楚。法国、英国的学生常把送气声母发成不送气声母;日本、韩国的学生在发送气声母时往往送气不够。其实,汉语的这两组声母,主要是靠气流的强弱来区分的。

1. 不送气声母:b　d　g　j　zh　z
2. 送气声母：p　t　k　q　ch　c

这两组声母发音方法不同。第一组发音时,没有较强的气流呼出,是不送气音。第二组发音时,有一股较强的气流呼出,是送气音。汉语的声母送气和不送气有区别词义的作用,例如"bízi"(鼻子)、"pízi"(皮子),"díqīn"(嫡亲)、"tíqīn"(提亲),"jǐzi"(虮子)、"qǐzi"(起子)、"zhāzi"(渣子)、"chāzi"(叉子)、"zǎoshang"(早上)、"cǎoshang"(草上)。

分辨训练
Differentiation Training

一、双音词声母分辨　Differentiation of the Initials of the Disyllabic Words

(一) b、p 和 d、t 分辨

1. b 和 p 分辨

请跟读：

bēnpǎo　(奔跑)　　　　bīpò　(逼迫)

pǎobù	（跑步）	pángbiān	（旁边）
biāopái	（标牌）	bǔpǐn	（补品）
pùbù	（瀑布）	pǔbiàn	（普遍）

2. d 和 t 分辨
请跟读：

dǎtōng	（打通）	dàitì	（代替）
tèdiǎn	（特点）	tǔdì	（土地）
dǎotā	（倒塌）	diàntái	（电台）
tàidù	（态度）	tiàodòng	（跳动）

3. 听音节写出声母

（1）　　　　　（2）　　　　　（3）　　　　　（4）

（5）　　　　　（6）　　　　　（7）　　　　　（8）

（9）　　　　　（10）　　　　（11）　　　　（12）

（13）　　　　（14）　　　　（15）　　　　（16）

（二）g、k 和 j、q 分辨

1. g 和 k 分辨
请跟读：

gǎnkuài	（赶快）	guānkàn	（观看）
kāiguān	（开关）	kǎogǔ	（考古）
gōngkè	（攻克）	gōngkē	（工科）
kègǔ	（刻骨）	kěguì	（可贵）

2. j 和 q 分辨
请跟读：

jīqì	（机器）	jìnqù	（进去）

qíjì	（奇迹）	qìjù	（器具）
jiǎngqíng	（讲情）	jiāoqì	（骄气）
qiānjū	（迁居）	qiǎojì	（巧计）

3. 听音节写出声母

（1） （2） （3） （4）

（5） （6） （7） （8）

（9） （10） （11） （12）

（13） （14） （15） （16）

（三）zh、ch 和 z、c 分辨

1. zh 和 ch 分辨

请跟读：

zhǎnchì	（展翅）	zhēnchá	（侦察）
chuánzhēn	（传真）	chōngzhuàng	（冲撞）
zhěngchú	（整除）	zhēnchéng	（真诚）
chūzhěn	（出诊）	chūzhēng	（出征）

2. z 和 c 分辨

请跟读：

zīcái	（资材）	zǐcài	（紫菜）
cóngzàng	（丛葬）	cóngzá	（丛杂）
zǎocān	（早餐）	zuòcì	（座次）
cuānzi	（镩子）	cúnzài	（存在）

3. 听音节写出声母

（1） （2） （3） （4）

（5）　　　　　（6）　　　　　（7）　　　　　（8）

（9）　　　　　（10）　　　　（11）　　　　（12）

（13）　　　　（14）　　　　（15）　　　　（16）

二、多音词声调、声母分辨　Differentiation of the Tones and the Initials of the Polysyllabic Words

1. 请边听边给多音词标出声调,然后跟读。

（1）ba bai zhi jiao　　　　　　（八拜之交）

（2）ba kui qu zhi　　　　　　　（拔葵去织）

（3）bai duan dai ju　　　　　　（百端待举）

（4）cao zhi guo ji　　　　　　　（操之过急）

（5）chan gong zhe gui　　　　（蟾宫折桂）

（6）chang zhen da bei　　　　（长枕大被）

（7）guo zu bu qian　　　　　　（裹足不前）

（8）jiao ku bu die　　　　　　　（叫苦不迭）

（9）qu cu qu jing　　　　　　　（去粗取精）

（10）zhi bi zhi ji　　　　　　　　（知彼知己）

2. 请边听边写出多音词的声母(如 b–p–m–f)。

（1） （2） （3）

（4） （5） （6）

（7） （8） （9）

（10）

综合练习
Comprehensive Exercises

一、听写音节 Dictation of the Syllables

1. 拜访（   ）　　　2. 开关（   ）
3. 打算（   ）　　　4. 采访（   ）
5. 杂志（   ）　　　6. 其实（   ）
7. 帮助（   ）　　　8. 长期（   ）
9. 刚才（   ）　　　10. 啤酒（   ）
11. 寂寞（   ）　　　12. 开放（   ）
13. 告别（   ）　　　14. 曾经（   ）
15. 直接（   ）　　　16. 亲切（   ）
17. 排球（   ）　　　18. 早饭（   ）
19. 谈话（   ）　　　20. 苹果（   ）

二、谜语和古诗 Riddles and Ancient Poems

(一) 谜语

1. 请边听边给谜语的拼音标出声调,注意画横线声母的读音。

　　　　Yi zhi xiezi si ren chuan.　　（dǎ yí dìmíng）

汉字：一只鞋子四人穿。　　　　（打一地名）

2. 下面哪个选项是谜底?
   A. 甘肃(Gānsù)　　　B. 四川(Sìchuān)　　　C. 宁夏(Níngxià)

(二) 古诗:《回乡偶书》 Home-Coming

1. 请边听边给古诗的拼音标出声调,然后跟读,注意画横线声母的读音。

Hui xiang ou shu (He Zhizhang)

Shao xiao li jia lao da hui,

Xiang yin wu gai bin mao cui。

Er tong xiang jian bu xiang shi,

Xiao wen ke cong he chu lai。

2. 请看着汉字读古诗,注意声调。

回乡偶书(贺知章)

少小离家老大回,　　　年轻时离开家乡老时才返回,
乡音无改鬓毛衰。　　　乡音没改但头发已经稀疏了。
儿童相见不相识,　　　儿童与我相见但我们互不相识,
笑问客从何处来。　　　他笑着问我是哪里来的客人。

三、短文 Short Articles

(一)《安乐的价值》 The Cost of an Easy Life

1. 请边听边给短文句子的拼音标出声调,然后跟读。

(1) Yi ge guowang he yi ge shangren tong zuo yi tiao chuan.
　　一个国王和一个商人同坐一条船。

(2) Shangren conglai mei jianguo haiyang,ye meiyou changguo zuo chuan de xinku.
　　商人从来没见过海洋,也没有尝过坐船的辛苦。

(3) Dajia yizhi anwei ta, ta haishi ku.
大家一直安慰他，他还是哭。

(4) Yi ge ren zong yao jingliguo tongku, cai hui zhidao anle de jiazhi.
一个人总要经历过痛苦，才会知道安乐的价值。

2. 请边听边在短文的汉字上方标出声调，然后跟读，注意画横线汉字声母的读音。

安乐的价值

一个国王和一个商人同坐一条船。那商人从来没见过海洋，也没有尝过坐
　　　　　　(g)　　　　(g)　　　(t)(z)　　(ch)　　　(c)　　　　(j)(g)　　　　　(ch)(g)(z)

船的辛苦，一路上，他总是不停地哭，非常害怕。大家
(ch)　(k)　　　　　(t)(z)　(b)(t)(d)(k)　(ch)　(p)(d)(j)

一直安慰他，他还是哭。国王被他吵得不能安静，大家
　(zh)　(t) (t)　　(k)　　(g) (b)(t)(ch)(d)(b)　　(j)(d)(j)

也想不出好办法来。
　(b)(ch)　(b)

船上有一个人站出来，说："让我试一试，我可以让他安静下来。"国王同意了。
(ch)　　　　(g)　(zh)(ch)　　　　　　　　　　(k)　(t)　(j)　　　　(g)　(t)

那个人没说话，就把商人扔进海里去了。在商人沉浮了几次以后，那个人让人抓
　(g)　　　　(j)(b)　　(j)　(q)　(z)　　(ch)　(j)(c)　　　　(g)　　　　(zh)

住商人的头发，把他拉回船上。上船以后，商人坐在一个　角落里，不再作声。
　(d)(t)　　　(b)(t)　　(ch)　(ch)　　　　(z)(z) (g) (j)　(b)(z)(z)

国王很高兴，问那个人："你的方法好在什么地方？"那个人说："原来商人不
　(g)　　(g)　　(g)　　　　(d)　　(z)　(d)　　　　(g)　　　　　　　　(b)

知道死的痛苦，体会不到坐在船上有多好，现在知道了。一个人总要经历过痛苦，
(zh)(d)(d)(k) (t)　(b)(d)(z)(z)(ch)(d)　　(z)(zh)(d)　　(g)　(z)(j) (g)(t)(k)

才会知道安乐的价值。"
(c) (zh)(d)　　(d)(j)(zh)

生词语　New Words

安乐	ānlè	（形）	easy (life)	楽な 안락하다
价值	jiàzhí	（名）	cost, value	価値 가치
海	hǎi	（名）	sea	海 바다
扔	rēng	（动）	throw	投げる，すてる 던지다
角落	jiǎoluò	（名）	corner	隅 구석, 모퉁이
作声	zuòshēng	（动）	make a noise	声を出す 소리를 내다, 말을 하다

（二）《不合适》　Be Incompetent

1. 请边听边给短文句子的拼音标出声调,然后跟读。

(1) You liang zhi laohu,yi zhi zai longzi li,yi zhi zai yedi li.
   有两只老虎,一只在笼子里,一只在野地里。

(2) Zai longzi li de laohu san can wu you, zai waimian de laohu zi you zi zai.
   在笼子里的老虎三餐无忧,在外面的老虎自由自在。

(3) Longzi li de laohu zongshi xianmu waimian laohu de ziyou, waimian de laohu que xianmu longzi li de laohu anyi.
   笼子里的老虎总是羡慕外面老虎的自由,外面的老虎却羡慕笼子里的老虎安逸。

(4) Yi zhi shi ji'e er si,yi zhi shi youyu er si.
   一只是饥饿而死,一只是忧郁而死。

(5) Qishi xuduo shihou, renmen wangwang dui ziji de xingfu shu shi wu du,er juede bieren de xingfu cai shi xingfu.

其实许多时候，人们往往对自己的幸福熟视无睹，而觉得别人的幸福才是幸福。

2. 请边听边在画横线汉字右边的括号里写出声母。

有两只(＿＿)老虎，一只(＿＿)在笼子里，一只(＿＿)在(＿＿)野地里。
　　　　1　　　　　　　2　　　　　　　3　　　4

在(＿＿)笼子里的老虎三餐(＿＿)无忧,在(＿＿)外面的老虎自(＿＿)由自
　5　　　　　　　　　　　6　　　　　7　　　　　　　8

在(＿＿)。
　9

笼子里的老虎总(＿＿)是羡慕外面老虎的自(＿＿)由，外面的老虎却羡慕
　　　　　　　10　　　　　　　　　　　11

笼子里的老虎安逸。一日，一只(＿＿)老虎对另一只(＿＿)老虎说："咱(＿＿)
　　　　　　　　　　　　　　12　　　　　　　13　　　　　　14

们换一换。"另一只老虎同(＿＿)意了。于是笼子里的老虎走(＿＿)进(＿＿)
　　　　　　　　　　　15　　　　　　　　　　　　　16　　　17

了大自(＿＿)然，野地里的老虎走(＿＿)进(＿＿)了笼子里。但是没过(＿＿)
　　　18　　　　　　　　　　19　　　20　　　　　　　　　21

多久(＿＿)，两只(＿＿)老虎都(＿＿)死了。一只(＿＿)是饥(＿＿)饿而死，一
　　22　　　　　23　　　　24　　　　　　25　　　　26

只(＿＿)是忧郁而死。
　27

其(＿＿)实许多时候，人们往往
　28

对(＿＿)自己的幸福熟视无睹(＿＿)，
　29　　　　　　　　　　　30

而觉(＿＿)得别人的幸福才(＿＿)是
　　31　　　　　　　　　　32

幸福，却想不到(＿＿)别人的幸福也许
　　　　　　33

对(＿＿)自(＿＿)己并(＿＿)不(＿＿)合适。
　34　　　35　　　36　　37

3. 请边听边在短文的汉字上方标出声调,然后跟读。

不合适

有两只老虎,一只在笼子里,一只在野地里。在笼子里的老虎三餐无忧,在外面的老虎自由自在。

笼子里的老虎总是羡慕外面老虎的自由,外面的老虎却羡慕笼子里的老虎安逸。一日,一只老虎对另一只老虎说:"咱们换一换。"另一只老虎同意了。于是笼子里的老虎走进了大自然,野地里的老虎走进了笼子里。但是没过多久,两只老虎都死了。一只是饥饿而死,一只是忧郁而死。

其实许多时候,人们往往对自己的幸福熟视无睹,而觉得别人的幸福才是幸福,却想不到别人的幸福也许对自己并不合适。

生词语　New Words

笼子	lóngzi	(名)	cage	おり (짐승의)우리
野地	yědì	(名)	wild country	野原 들판
羡慕	xiànmù	(动)	admire, envy	うらやむ 부러워하다
安逸	ānyì	(形)	easy and comfortable	のんびり気楽にしている 편하고 한가롭다
大自然	dàzìrán	(名)	nature	大自然 대자연
忧郁	yōuyù	(形)	heavy-hearted	憂鬱である 우울하다

第三课　声母分辨(一)

熟视无睹　shú shì wú dǔ　　pay no attention to a familiar sight　　よく見ていながら見ないふりをする

보고도 못 본 척하다

课后自测题
After Class Self-test Exercises

一、请边听边在括号里写出双音词的声母　Please listen and write down the initials of the disyllabic words in the brackets

1. 跑步（　　）　2. 代替（　　）　3. 开关（　　）
4. 进去（　　）　5. 展翅（　　）　6. 紫菜（　　）
7. 传真（　　）　8. 奇迹（　　）　9. 替代（　　）
10. 考古（　　）　11. 表皮（　　）　12. 概况（　　）
13. 配备（　　）　14. 存在（　　）　15. 开工（　　）
16. 态度（　　）　17. 讲情（　　）　18. 迁居（　　）
19. 照常（　　）　20. 沉重（　　）　21. 早餐（　　）

二、请边听边在括号里写出成语的声调　Please listen and write down the tones of the Chinese idioms in the brackets

1. 袖手旁观（　　　）　　　2. 异口同声（　　　）
3. 破釜沉舟（　　　）　　　4. 刻骨铭心（　　　）
5. 墨守成规（　　　）　　　6. 兔死狐悲（　　　）
7. 笑里藏刀（　　　）　　　8. 救死扶伤（　　　）
9. 良师益友（　　　）　　　10. 得心应手（　　　）

第四课　声母分辨(二)
Lesson Four　Differentiation of Initials (二)

读音分辨
Differentiation of Pronunciation

不少外国学生由于受母语的影响，很难将汉语以下9对声母的发音区分开来。这9对声母是：

1. z — zh　　4. z — j　　7. zh — j
2. c — ch　　5. c — q　　8. ch — q
3. s — sh　　6. s — x　　9. sh — x

有些英国学生由于受英语发音规则的影响，把汉语的z[ts]跟英语词尾的ds[dz]相混，把汉语的c[ts']跟英语词尾的ts[ts']混淆。法国学生会把汉语的z、c都发成浊音[z]。大部分外国学生的母语中没有zh、ch、sh这三个卷舌音。英国、德国、法国的学生就用舌叶音[tʃ]、[tʃ']、[ʃ]代替；日本学生把zh、ch、sh和j、q、x都发成舌叶音[tʃ]、[tʃ']、[ʃ]。由于舌叶音的发音部位介于zh、ch、sh与j、q、x之间，学生分辨起来感到有一定的困难。

以上9对声母正确的发音是：

第一对到第六对的前一个声母是舌尖前音z、c、s，发音时，舌尖抵在上齿背上，造成气流的阻碍，唇形扁平。第一对到第三对的后一个声母和第七对到第九对的前一个声母是舌尖后音zh、ch、sh，发音时，舌尖上卷，跟前硬腭造成气流的阻碍，唇突略圆。第四对到第九对的后一个声母是舌面前音j、q、x，发音时，舌面前部抵住上齿龈和硬腭前部，造成气流的阻碍，唇略圆。

第四课　声母分辨(二)

分辨训练
Differentiation Training

一、双音词声母分辨 Differentiation of the Initials of the Disyllabic Words

（一）z、zh, c、ch 和 s、sh 分辨

1. z 和 zh 分辨

请跟读：

zúzhǎng	（族长）	zūnzhào	（遵照）
zhǎozé	（沼泽）	zhuǎnzū	（转租）
zīzhǎng	（滋长）	zìzhǐ	（字纸）
zhèngzì	（正字）	zhǎngzǐ	（长子）

2. c 和 ch 分辨

请跟读：

cíchéng	（辞呈）	cáichǎn	（财产）
chǐcùn	（尺寸）	chūcāo	（出操）
cùchéng	（促成）	cíchǎng	（磁场）
chéngcái	（成才）	chéncù	（陈醋）

3. s 和 sh 分辨

请跟读：

sǎoshì	（扫视）	suíshí	（随时）
shàngsè	（上色）	shéngsuǒ	（绳索）
sìshí	（四十）	sīshì	（私事）
shǒusōng	（手松）	shīsuàn	（失算）

4. 听音节写出声母

（1）　　　（2）　　　（3）　　　（4）

（5）　　　（6）　　　（7）　　　（8）

（9）　　　　　（10）　　　　　（11）　　　　　（12）

（13）　　　　　（14）　　　　　（15）　　　　　（16）

（二）z、j，c、q 和 s、x 分辨

1. z 和 j 分辨

请跟读：

zájì	（杂技）	zàijiàn	（再见）
jízī	（集资）	jiǎngzuò	（讲座）
zìjǐ	（自己）	zàojiǎ	（造假）
jiǎzào	（假造）	jìzuǐ	（忌嘴）

2. c 和 q 分辨

请跟读：

cáiqì	（才气）	cóngqián	（从前）
qīngcuì	（清脆）	qícì	（其次）
cǎiqǔ	（采取）	cáiquán	（财权）
qiáncái	（钱财）	qǔcái	（取材）

3. s 和 x 分辨

请跟读：

sànxīn	（散心）	sòngxíng	（送行）
xísú	（习俗）	xīnsuān	（心酸）
sīxiāng	（思乡）	sīxīn	（私心）
xīnsī	（心思）	xiāngsī	（乡思）

4. 听音节写出声母

（1）　　　　　（2）　　　　　（3）　　　　　（4）

（5）　　　　　（6）　　　　　（7）　　　　　（8）

（9）　　　　　（10）　　　　　（11）　　　　　（12）

(13)　　　　　　(14)　　　　　　(15)　　　　　　(16)

（三）zh、j，ch、q 和 sh、x 分辨

1. zh 和 j 分辨

请跟读：

zhùjiǔ	（祝酒）	zhuānjiā	（专家）
jízhōng	（集中）	jiǎnzhí	（简直）
zhuājǐn	（抓紧）	zhuāngjiǎ	（装假）
jiǎzhuāng	（假装）	jǐn zhuā	（紧抓）

2. ch 和 q 分辨

请跟读：

chángqī	（长期）	chēqián	（车前）
qǐchū	（起初）	qùchù	（去处）
chīqǐng	（吃请）	cháqīng	（查清）
qīngchá	（清查）	qǐng chī	（请吃）

3. sh 和 x 分辨

请跟读：

shēngxiào	（生效）	shíxíng	（实行）
xiāngshuǐ	（香水）	xǐshì	（喜事）
shànxīn	（善心）	shíxiàn	（实现）
xiànshí	（现实）	xīn shàn	（心善）

4. 听音节写出声母

（1）　　　　　　（2）　　　　　　（3）　　　　　　（4）

（5）　　　　　　（6）　　　　　　（7）　　　　　　（8）

（9）　　　　　　（10）　　　　　（11）　　　　　（12）

（13）　　　　　　(14)　　　　　　(15)　　　　　　(16)

二、多音词声调、声母分辨 Differentiation of the Tones and the Initials of the Polysyllabic Words

1. 请边听边给多音词标出声调,然后跟读。

（1）cai shu xue qian　　　　　　（才疏学浅）

（2）ce shen qi jian　　　　　　　（厕身其间）

（3）cha san cuo si　　　　　　　（差三错四）

（4）chi sheng xi zu　　　　　　　（赤绳系足）

（5）chu qi zhi sheng　　　　　　（出奇制胜）

（6）ji zhong sheng zhi　　　　　（急中生智）

（7）jian zai xian shang　　　　　（箭在弦上）

（8）jiang ji jiu ji　　　　　　　　（将计就计）

（9）qiong chu jin xue　　　　　　（琼厨金穴）

（10）zhuan xin zhi zhi　　　　　（专心致志）

2. 请边听边写出多音词的声母(如 z-c-s-zh)。

（1）　　　　　（2）　　　　　（3）

（4）　　　　　（5）　　　　　（6）

（7）　　　　　（8）　　　　　（9）

（10）

第四课 声母分辨(二)

综合练习
Comprehensive Exercises

一、听写音节 Dictation of the Syllables

1. 操作（　　　　）　　2. 喜事（　　　　）
3. 奇迹（　　　　）　　4. 起初（　　　　）
5. 抓紧（　　　　）　　6. 冲撞（　　　　）
7. 照相（　　　　）　　8. 采取（　　　　）
9. 曾经（　　　　）　　10. 善心（　　　　）
11. 家乡（　　　　）　　12. 沼泽（　　　　）
13. 彩色（　　　　）　　14. 讲座（　　　　）
15. 汽车（　　　　）　　16. 长久（　　　　）
17. 随时（　　　　）　　18. 财产（　　　　）
19. 其次（　　　　）　　20. 甚至（　　　　）

二、谜语和古诗 Riddles and Ancient Poems

（一）字谜

1. 请边听边给谜语的拼音标出声调，注意画横线声母的读音。

　　　　Yi wan kuai qian chi yi dun fan.　　（dǎ yí dìmíng）

汉字：一万块钱吃一顿饭。　　　　　　　（打一地名）

2. 下面哪个选项是谜底？
　　A. 贵州(Guìzhōu)　　B. 广州(Guǎngzhōu)　　C. 柳州(Liǔzhōu)

（二）古诗：《早发白帝城》 Leaving the White King's Town at Dawn

1. 请边听边给古诗的拼音标出声调，然后跟读，注意画横线声母的读音。

Zao fa Baidi Cheng (Li Bai)

Zhao ci Baidi cai yun jian,

Qian li Jiangling yi ri huan.

Liang an yuan sheng ti bu zhu,

Qing zhou yi guo wan chong shan.

2. 请看着汉字读古诗,注意声调。

早发白帝城（李白）

朝辞白帝彩云间，　　早晨离开了彩云缤纷的白帝城，
千里江陵一日还。　　相距千里的江陵一天就可以到达。
两岸猿声啼不住，　　在两岸此起彼伏的猿猴啼叫声中，
轻舟已过万重山。　　轻快的小船已经驶过座座高山。

三、短文　Short Articles

（一）《画儿背后的秘密》 The Secret Behind the Painting

1. 请边听边给短文句子的拼音标出声调,然后跟读。

(1) You yi ge qigai, ta renshile yi ge hen qiong de huajia.
有一个乞丐,他认识了一个很穷的画家。

(2) Lin si qian, huajia song gei qigai yi fu huar, hua de shi yi shuang da shou he yi zhang weixiao de lian.
临死前,画家送给乞丐一幅画儿,画的是一双大手和一张微笑的脸。

(3) Ta jiu kaishi dengzhe you yi tian yong zhe zhang huar mai da qian.
他就开始等着有一天用这张画儿卖大钱。

(4) Houlai zhege qigai ye si le, ta shi esi de.
后来这个乞丐也死了,他是饿死的。

第四课　声母分辨（二）

(5) Congci, ta bu zai qitao le, kaishi yong ziji de shuang shou zhuan qian.

从此，他不再乞讨了，开始用自己的双手赚钱。

(6) Qishi, youshi caifu bu yiding jiu shi jinqian, ta keneng jiu zai women de shenbian, dan ni bu dongde qu faxian ta, name ni keneng yibeizi dou shi "qiongren".

其实，有时财富不一定就是金钱，它可能就在我们的身边，但你不懂得去发现它，那么你可能一辈子都是"穷人"。

2. 请边听边在短文的汉字上方标出声调，然后跟读，注意画横线汉字声母的读音。

画儿背后的秘密

从前，有一个乞丐，他认识了一个很穷的画家。不久，画家就病了，临死前，
(c)(q)　　　(q)　　(sh)　　　(q)　(j)　(j)(j)　　　(s)(q)

画家送给乞丐一幅画儿，画的是一双大手和一张微笑的脸。乞丐非常高兴，因为
(j)(s) (q)　　　　　(sh) (sh) (zh) (x)　　(q) (ch) (x)

他曾听说过一些画家死后出名的事。于是，
(c) (sh) (x) (j)(s) (ch) (sh) (sh)

他就开始等着有一天用这张画儿卖大钱。可
(j) (sh) (zh) (zh)(zh) (q)

是一年过去了，两年过去了，画家一直没有出
(sh) (q) (q) (j) (zh) (ch)

名。后来这个乞丐也死了，他是饿死的。
(zh) (q) (s) (sh) (s)

有意思的是也有一个乞丐，他也得到了一位画家的画儿，画的内容同样是一
(s) (sh) (q) (j) (sh)

双大手和一张微笑的脸。乞丐看懂了这幅画儿。从此，他不再乞讨了，开始用自
(sh) (sh) (zh) (x) (q) (zh) (c) (z)(q) (sh) (z)

己的双手赚钱。几年后,他有了房子,有了家庭,有了一张微笑的脸。
(j) (sh)(sh)(zh)(q) (j)   (z)   (j)   (zh) (x)

其实,有时财富不一定就是金钱,它可能就在我们的身边,但你不懂得去发
(q)(sh) (sh)(c)   (j)(sh)(j)(q)   (j)(z)   (sh)   (q)

现它,那么你可能一辈子都是"穷人"。
(x)   (z)   (q)

生词语　　New Words

背后	bèihòu	（名）	behind	うらかげ 배후, 뒷쪽
秘密	mìmì	（名）	secret	秘密 비밀
乞丐	qǐgài	（名）	beggar	こじき 거지
乞讨	qǐtǎo	（动）	go begging	こじきをする 구걸하다

(二)《智慧》　The Wisdom

1. 请边听边给短文句子的拼音标出声调,然后跟读。

(1) Yi ge e han laidao furen jia menkou, dui ta shuo: "Wo daile xie shitou, xiang yong yixia ni de guo zhu dianr shitoutang he."
一个饿汉来到富人家门口,对他说:"我带了些石头,想用一下你的锅煮点儿石头汤喝。"

(2) Yushi, furen rang ta jin wu, jie gei ta yi kou guo.
于是,富人让他进屋,借给他一口锅。

(3) Zhu tang dei jia shui ba, furen geile ta yixie shui. Zhu tang dei jia yan ba,　furen you geile ta yixie yan.　Zhu tang hai xuyao tiaoliao ba,

furen you geile ta yixie tiaoliao.
煮汤得加水吧,富人给了他一些水。煮汤得加盐吧,富人又给了他一些盐。煮汤还需要调料吧,富人又给了他一些调料。

(4) Jiu zheyang, e han heshangle you zi you wei de tang.
就这样,饿汉喝上了有滋有味的汤。

(5) Dule gushi, yan juan shensi.
读了故事,掩卷深思。

(6) Zhiyao women renzhun yi ge heli de mubiao bing wei zhi nuli, zai kunnan mianqian jiu hui shifang chu chaochang de zhihui he qianneng.
只要我们认准一个合理的目标并为之努力,在困难面前就会释放出超常的智慧和潜能。

2. 请边听边在画横线汉字右边的括号里写出声母。

智　慧

一个饿汉来到富人家(＿＿)门口,对他说(＿＿):"我带了些(＿＿)石(＿＿)头,想(＿＿)用一下(＿＿)你的锅煮(＿＿)点儿石(＿＿)头汤喝。"富人很奇(＿＿)怪,石(＿＿)头怎(＿＿)么能煮(＿＿)汤喝?于是(＿＿)富人让他进(＿＿)屋,借(＿＿)给他一口锅。饿汉把石(＿＿)头放进(＿＿)锅里。煮(＿＿)汤得加(＿＿)

水(___)吧,富人给了他一些(___)水(___)。煮汤得加(___)盐吧,富人又给
　　　20　　　　　　　　　　21　　　22　　　　　　23
了他一些(___)盐。煮(___)汤还需(___)要调料吧,富人又给了他一些(___)
　　　　24　　　　25　　　　　26　　　　　　　　　　　　　27
调料。就(___)这(___)样,饿汉喝上(___)了有滋(___)有味的汤。
　　　28　　29　　　　　　30　　　　31

　　读了故事,掩卷(___)深(___)思(___),我觉(___)得饿汉实(___)
　　　　　　　　　　32　　33　　34　　　35　　　　　36
在(___)聪明至(___)极(___)。他知(___)道单凭自(___)己的乞(___)
　37　　　　38　　39　　　　40　　　　　41　　　　　　42
求,富人是(___)不可能给他美味可口的汤喝的,于是(___)他就(___)想(___)
　　　　43　　　　　　　　　　　　　　　　44　　　45　　　46
出(___)了煮(___)"石(___)头汤"这(___)个绝(___)妙的主(___)意,先(___)
　47　　　48　　49　　　　　50　　　51　　　　52　　　　53
是(___)得到锅,然后是(___)水(___)、盐、调料。最(___)后终(___)于喝
　54　　　　　　　　55　　56　　　　　　　　57　　　58
上(___)了美味可口的"石(___)头汤"。
　59　　　　　　　　　60

　　世(___)上的事(___)情(___),办法总(___)是(___)多于困难。只(___)
　　61　　　　62　　63　　　　64　　65　　　　　　　66
要我们认准(___)一个合理的目标并为之(___)努力,在(___)困难面前(___)
　　　　67　　　　　　　　　　68　　　　69　　　　　70
就(___)会释(___)放出(___)超(___)常(___)的智(___)慧和潜(___)能。
　71　　　72　　　73　　74　　75　　　76　　　　77

3. 请边听边在短文的汉字上方标出声调,然后跟读。

智　慧

　　一个饿汉来到富人家门口,对他说:"我带了些石头,想用一下你的锅煮点儿石头汤喝。"富人很奇怪,石头怎么能煮汤喝?于是富人让他进屋,借给他一口锅。饿汉把石头放进锅里。煮汤得加水吧,富人给了他一些水。煮汤得加盐吧,富人又给了他一些盐。煮汤还需要调料吧,富人又给了他一些调料。就这样,饿汉喝上了有滋有味的汤。

　　读了故事,掩卷深思,我觉得饿汉实在聪明至极。他知道单凭自己的乞求,富人是不可能给他美味可口的汤喝的,于是他就想出了煮"石头汤"这个绝妙的主

意，先是得到锅，然后是水、盐、调料。最后终于喝上了美味可口的"石头汤"。

世上的事情，办法总是多于困难。只要我们认准一个合理的目标并为之努力，在困难面前就会释放出超常的智慧和潜能。

生词语　New Words

石头	shítou	（名）	stone	石 돌
煮	zhǔ	（动）	boil	煮る 삶다
滋味	zīwèi	（名）	taste	味 맛
深思	shēnsī	（动）	think deeply	深く考える 깊이 생각하다
绝妙	juémiào	（形）	extremely clever	絶妙な 절묘하다
主意	zhǔyi	（名）	idea	アイディア 생각
认准	rènzhǔn	（动）	set one's mind on	見極める 정하다
释放	shìfàng	（动）	release, set free	放出する 방출하다
超常	chāocháng	（形）	well above average	日常を超えた，抜群の 뛰어나다，출중하다

课后自测题
After Class Self-test Exercises

一、请边听边在括号里写出双音词的声母 Please listen and write down the initials of the disyllabic words in the brackets

1. 遵照（　　）　2. 财产（　　）　3. 随时（　　）
4. 杂技（　　）　5. 从前（　　）　6. 送行（　　）
7. 简直（　　）　8. 长期（　　）　9. 实现（　　）
10. 香水（　　）　11. 热心（　　）　12. 专家（　　）
13. 机场（　　）　14. 字句（　　）　15. 嘈杂（　　）
16. 摧残（　　）　17. 除尘（　　）　18. 自从（　　）
19. 长城（　　）　20. 主持（　　）　21. 尽情（　　）

二、请边听边在括号里写出成语的声调 Please listen and write down the tones of the Chinese idioms in the brackets

1. 在所不辞（　　　）　2. 张口结舌（　　　）
3. 车水马龙（　　　）　4. 积少成多（　　　）
5. 七上八下（　　　）　6. 细水长流（　　　）
7. 受宠若惊（　　　）　8. 势如破竹（　　　）
9. 落花流水（　　　）　10. 束手待毙（　　　）

第五课　声母分辨(三)
Lesson Five　Differentiation of Initials (三)

读音分辨
Differentiation of Pronunciation

汉语中另有3对声母的发音让许多外国学生感到头疼。这3对声母是：

1. r — l
2. f — h
3. f — p

有的外国学生受母语的影响,把舌尖后浊擦音 r[ʐ]发成英语的舌尖后无擦通音[ɻ]。日本学生发 l[l]时,常用舌尖前浊闪音[ɾ]代替。受母语的影响,日本学生把 f[f]发成双唇清擦音[Φ],拼读 hu、huan、hou、hong 等时,也容易把 h[x]发成[Φ]。英国、法国、德国的学生容易把 h[x]发成喉壁清擦音[ħ]。

以上3对声母正确的发音是：

第一对 r 和 l 发音部位相近,发音方法不同。发 r 音时,舌位在后,舌尖上卷接近硬腭前部,形成一条窄缝,气流从窄缝中挤出成声,唇形圆;发 l 音时,舌位在前,舌尖抵住上齿龈,气流从舌两边的窄缝中通过,舌尖离开上齿龈时发音,唇形不圆。

第二对 f 和 h 发音部位不同,发音方法相似。发 f 音时,下唇接近上齿,形成一条窄缝,气流从窄缝中挤出成声,唇形不圆;发 h 音时,舌根接近软腭,形成窄缝,气流从窄缝中挤出成声,唇形微圆。

第三对 f 和 p 发音部位不同,发音方法也不同。发 f 音时,下唇接近上齿,形成一条窄缝,气流从窄缝中挤出成声,唇形不圆;发 p 音时,双唇闭合,气流破阻成声,唇形圆。

分辨训练
Differentiation Training

一、双音词声母分辨 Differentiation of the Initials of the Disyllabic Words

(一) r、l 和 l、r 分辨

1. r 和 l 分辨

请跟读：

ránliào	（燃料）	rèliè	（热烈）
rénlèi	（人类）	róngliàng	（容量）
rànglù	（让路）	rǎoluàn	（扰乱）
ròuliú	（肉瘤）	rèliàn	（热恋）
rénliú	（人流）	rànglì	（让利）
rènlǐng	（认领）	rénlì	（人力）

2. l 和 r 分辨

请跟读：

lièrén	（猎人）	lìrú	（例如）
lièrì	（烈日）	lùrén	（路人）
luòrì	（落日）	láirì	（来日）
làngrén	（浪人）	láirén	（来人）
lùróng	（鹿茸）	làrǎn	（蜡染）
lǎorén	（老人）	língrǔ	（凌辱）

3. 听音节写出声母

(1)　　　　(2)　　　　(3)　　　　(4)

(5)　　　　(6)　　　　(7)　　　　(8)

(9)　　　　(10)　　　(11)　　　(12)

(13)　　　(14)　　　(15)　　　(16)

(17)　　　　　(18)　　　　　(19)　　　　　(20)

(21)　　　　　(22)　　　　　(23)　　　　　(24)

(二) f、h 和 h、f 分辨

1. f 和 h 分辨
请跟读：

fànghuǒ （放火）	fèihuà （费话）
fēnhóng （分红）	fēnghuá （风华）
fúhào （符号）	fěnhóng （粉红）
fēihuā （飞花）	fánhuá （繁华）
fēnghán （风寒）	fāhuà （发话）
fùháo （富豪）	fènghuáng （凤凰）

2. h 和 f 分辨
请跟读：

hàofèi （耗费）	hòufāng （后方）
héfáng （何妨）	huāfèi （花费）
huīfā （挥发）	huófó （活佛）
huífù （回复）	hùfǎ （护法）
huáfà （华发）	hánfēng （寒风）
huángfēng（黄蜂）	háofù （豪富）

3. 听音节写出声母

(1)　　　　　(2)　　　　　(3)　　　　　(4)

(5)　　　　　(6)　　　　　(7)　　　　　(8)

(9)　　　　　(10)　　　　　(11)　　　　　(12)

(13)　　　　　(14)　　　　　(15)　　　　　(16)

（17）　　　　　（18）　　　　　（19）　　　　　（20）

（21）　　　　　（22）　　　　　（23）　　　　　（24）

（三）f、p 和 p、f 分辨

1. f 和 p 分辨

请跟读：

fāpiào	（发票）	fāpàng	（发胖）
fēngpèi	（丰沛）	fēngpí	（封皮）
fǎnpū	（反扑）	fùpǐn	（副品）
fěnpí	（粉皮）	fèngpéi	（奉陪）
fúpiāo	（浮漂）	fúpíng	（浮萍）

2. p 和 f 分辨

请跟读：

pèifāng	（配方）	pífū	（皮肤）
piānfāng	（偏方）	piàofáng	（票房）
pínfá	（贫乏）	píngfēng	（屏风）
píngfán	（平凡）	pòfèi	（破费）
pínfù	（贫富）	piāofú	（漂浮）

3. 听音节写出声母

（1）　　　　　（2）　　　　　（3）　　　　　（4）

（5）　　　　　（6）　　　　　（7）　　　　　（8）

（9）　　　　　（10）　　　　（11）　　　　（12）

（13）　　　　（14）　　　　（15）　　　　（16）

（17）　　　　（18）　　　　（19）　　　　（20）

二、多音词声调、声母分辨　Differentiation of the Tones and the Initials of the Polysyllabic Words

1. 请边听边给多音词标出声调,然后跟读。

（1）fen hong hai lü　　　　　（粉红骇绿）

（2）feng he ri li　　　　　　（风和日丽）

（3）ling ren pen fan　　　　　（令人喷饭）

（4）lie huo hong lei　　　　　（烈火轰雷）

（5）hong lu liao fa　　　　　（洪炉燎发）

（6）pao feng peng long　　　　（炮凤烹龙）

（7）hua hong liu lü　　　　　（花红柳绿）

（8）pan long fu feng　　　　　（攀龙附凤）

（9）feng feng huo huo　　　　（风风火火）

（10）hong hong lie lie　　　　（轰轰烈烈）

2. 请边听边写出多音词的声母(如 r-l-f-h)。

（1）　　　　　　（2）　　　　　　（3）

（4）　　　　　　（5）　　　　　　（6）

（7）　　　　　　（8）　　　　　　（9）

（10）

综合练习
Comprehensive Exercises

一、听写音节 Dictation of the Syllables

1. 然后（　　　）　　2. 蜡花（　　　）
3. 荣获（　　　）　　4. 软化（　　　）
5. 来访（　　　）　　6. 发胖（　　　）
7. 法律（　　　）　　8. 环路（　　　）
9. 互谅（　　　）　　10. 忽然（　　　）
11. 欢乐（　　　）　　12. 偏离（　　　）
13. 排练（　　　）　　14. 后来（　　　）
15. 冷汗（　　　）　　16. 配方（　　　）
17. 犯人（　　　）　　18. 飘浮（　　　）
19. 灵活（　　　）　　20. 饭盒（　　　）

二、谜语和古诗 Riddles and Ancient Poems

（一）谜语

1. 请边听边给谜语的拼音标出声调，注意画横线声母的读音。

　　Taohua yong bu luo.　　（dǎ yí dìmíng）

　　汉字：桃花永不落。　　（打一地名）

2. 下面哪个选项是谜底？

　　A. 长沙（Chángshā）　B. 昆明（Kūnmíng）　C. 长春（Chángchūn）

（二）古诗：《枫桥夜泊》 *Mooring by Maple Bridge at Night*

1. 请边听边给古诗的拼音标出声调，然后跟读，注意画横线声母的读音。

Feng Qiao ye bo (Zhang Ji)

Yue luo wu ti shuang man tian,

Jiang feng yu huo dui chou mian.

第五课　声母分辨（三）

Gusu cheng wai Hanshan Si,

Ye ban zhong sheng dao ke chuan.

2. 请看着汉字读古诗，注意声调。

> **枫桥夜泊**（张继）
>
> 月落乌啼霜满天，　　　明月落，乌鸦叫，清霜满天，
> 江枫渔火对愁眠。　　　思故乡，面对江枫渔火难以入眠。
> 姑苏城外寒山寺，　　　而那苏州城外寒山寺里，
> 夜半钟声到客船。　　　半夜清脆的钟声传到了客船里。

三、短文　Short Articles

（一）《换位思考》 Consider in sb. else's position

1. 请边听边给短文句子的拼音标出声调，然后跟读。

(1) Yi ci hui laojia, he jiaxiang de yi ge nongmin xiongdi xianliao.
 一次回老家，和家乡的一个农民兄弟闲聊。

(2) Nimen zai waimian chi yi dun yao hua duoshao qian na?
 你们在外面吃一顿要花多少钱哪？

(3) Wo baoshou de shuo: "San-si bai yuan ba."
 我保守地说："三四百元吧。"

(4) Wo de xin meng de yi chen, wen zenme zheyang suan ne?
 我的心猛地一沉，问怎么这样算呢？

(5) Women zhong yi mu maizi, ganshang feng tiao yu shun de nianjing,
 chuqu zhongzi、huafei、nongyao deng huaxiao, laodongli bu shuo,
 mei mu di ye jiu shouru yibai yuan.
 我们种一亩麦子，赶上风调雨顺的年景，除去种子、化肥、农药等花销，

劳动力不说,每亩地也就收入100元。

(6) Zhe bu shi yi dun fan jiu yao yongdiao san-si mu maizi de qian ma?
这不是一顿饭就要用掉三四亩麦子的钱吗?

2. 请边听边在短文的汉字上方标出声调,然后跟读,注意画横线汉字声母的读音。

换位思考
(h)

一次回老家,和家乡的一个农民兄弟闲聊。他突然问道:"你们在外面吃一
    (h)(l)   (h)   (l)   (r)

顿要花多少钱哪?"我保守地说:"三四百元吧。""哦,三四亩麦子的钱呢。"我的心
    (h)

猛地一沉,问怎么这样算呢?他回答:"我们种一亩麦子,赶上风调雨顺的年景,除
                       (h)   (f)

去种子、化肥、农药等花销,劳动力不说,
(h)(f)   (h)   (l)   (l)

每亩地也就收入100元。这不是一顿饭
       (r)

就要用掉三四亩麦子的钱吗?"

一算账,我竟一时无话可说。
            (h)

生词语 New Words

| 闲聊 | xiánliáo | (动) | chat | 雑談する
잡담하다 |
| 保守 | bǎoshǒu | (形) | conservative | 保守的
보수적이다 |

第五课　声母分辨(三)

麦子	màizi	（名）	wheat	麦 밀, 소맥
风调雨顺	fēng tiáo yǔ shùn		favourable weather (for crops)	天候が順調で，農作物の成長に良いこと 비바람이 순조롭다 (풍년의 징조)
种子	zhǒngzi	（名）	seed	種 종자, 씨
化肥	huàféi	（名）	chemical fertilizer	化学肥料 화학비료
农药	nóngyào	（名）	pesticide	農薬 농약
花销	huāxiāo	（名）	cost, expense	費用 비용
竟	jìng	（副）	unexpectedly	なんと，意外にも 뜻밖에도, 의외로

(二)《生命之水》 *The Essential Water*

1. 请边听边给短文句子的拼音标出声调,然后跟读。

(1) Linju shi wei hen youxiu de yuanyishi, tuixiu hou ta de mubiao shi ba na jin shi mu de da yuanzi laozuo cheng yi pian shulin.
邻居是位很优秀的园艺师,退休后他的目标是把那近10亩的大院子劳作成一片树林。

(2) Wo faxian ta zaizhi de mei ke shumiao dou hen shao jiao shui, jiu ban kai wanxiao de shuo:" Ni ke bu neng zhi qiu shuliang bu yao zhiliang nga!"
我发现他栽植的每棵树苗都很少浇水,就半开玩笑地说:"你可不能只求数量不要质量啊!"

(3) Tamen jiu yao wanqiang bu xi de ba ziji de genxu shenru turang de shenceng.
它们就要顽强不息地把自己的根须伸入土壤的深层。

(4) Rizi yi tiantian guoqu le, na yi da pian shulin, keke zhi fan ye mao.
日子一天天过去了,那一大片树林,棵棵枝繁叶茂。

(5) Ruguo dangchu lao yuanyishi ba shui jiao de zuzu de, name shumiao de gen jiu lande zai shenru dixia jiqu shuifen, genbu jiu hui zhang de you xi you duan, cong'er yingxiang fayu.
如果当初老园艺师把水浇得足足的,那么树苗的根就懒得再深入地下汲取水分,根部就会长得又细又短,从而影响发育。

(6) Youdianr zuozhe shi fu.
有点儿挫折是福。

2. 请边听边在画横线汉字右边的括号里写出声母。

生命之水

邻(＿＿)居是位很(＿＿)优秀的园艺师,退休后他的目标是把那近10亩的
　　　　1　　　　　　　2
大院子劳(＿＿)作成一片(＿＿)树林(＿＿)。
　　　　3　　　　　　4　　　　5

我发(＿＿)现他栽植的每棵树苗都很少浇水,就半开玩笑地说:"您可不
　　　6
能只求数量(＿＿)不要质量(＿＿)啊!"他笑着说:"我少给树苗浇水,它们才
　　　　　7　　　　　　8
能感觉到水分(＿＿)的可贵;为了得到更多的水,
　　　　　　9
它们就要顽强不息地把自己的根须伸入土壤的深
层,而这正是我想要的。"

日(＿＿)子一天天过去了,那一大片(＿＿)
　10　　　　　　　　　　　　　　11
树林(＿＿),棵棵枝繁(＿＿)叶茂。我突然明
　　12　　　　　　　13

第五课　声母分辨（三）

白了，"根深才能叶茂"——自然界的规律(___)。
　　　　　　　　　　　　　　　　　　　　14

　　试想，如果当初老(___)园艺师把水浇得足足的，那么树苗的根就懒(___)得
　　　　　　　　　　15　　　　　　　　　　　　　　　　　　　　　　　16
再深入地下汲取水分，根部就会长得又细又短，从而影响发(___)育……所以
　　　　　　　　　　　　　　　　　　　　　　　　　　17
"有点儿挫折是福(___)"的说法也是不无道理的。
　　　　　　　　18

3. 请边听边在短文的汉字上方标出声调，然后跟读。

生命之水

　　邻居是位很优秀的园艺师，退休后他的目标是把那近10亩的大院子劳作成一片树林。

　　我发现他栽植的每棵树苗都很少浇水，就半开玩笑地说："您可不能只求数量不要质量啊！"他笑着说："我少给树苗浇水，它们才能感觉到水分的可贵；为了得到更多的水，它们就要顽强不息地把自己的根须伸入土壤的深层，而这正是我想要的。"

　　日子一天天过去了，那一大片树林，棵棵枝繁叶茂。我突然明白了，"根深才能叶茂"——自然界的规律。

　　试想，如果当初老园艺师把水浇得足足的，那么树苗的根就懒得再深入地下汲取水分，根部就会长得又细又短，从而影响发育……所以"有点儿挫折是福"的说法也是不无道理的。

汉语语音教程·提高篇

生词语　New Words

邻居	línjū	（名）	neighbour	隣人 이웃
园艺师	yuányìshī	（名）	horticulturist	庭師 원예사
退休	tuìxiū	（动）	retire	退職する 퇴직하다
栽植	zāizhí	（动）	plant	植える 심다, 재배하다
树苗	shùmiáo	（名）	sapling	苗木 묘목
浇	jiāo	（动）	water	水をやる (물을) 끼얹다
顽强	wánqiáng	（形）	indomitable	頑強な 완강하다, 억세다
根须	gēnxū	（名）	roots of a tree	根毛 뿌리털
土壤	tǔrǎng	（名）	soil	土壌 토양
枝繁叶茂	zhī fán yè mào		have luxuriant foliage	枝葉が生茂る 가지가 많고 잎이 무성하다
懒得	lǎnde	（动）	be lazy doing sth.	怠ける 게으르다
汲取	jíqǔ	（动）	draw nourishment from	取り入れる, くみ取る 흡수하다, 섭취하다
挫折	cuòzhé	（名）	setback	挫折 좌절

第五课　声母分辨（三）

课后自测题
After Class Self-test Exercises

一、请边听边在括号里写出双音词的声母 Please listen and write down the initials of the disyllabic words in the brackets

1. 热恋（　　）　　2. 例如（　　）　　3. 分红（　　）
4. 老人（　　）　　5. 花费（　　）　　6. 寒风（　　）
7. 发票（　　）　　8. 破费（　　）　　9. 花粉（　　）
10. 繁华（　　）　11. 伙房（　　）　12. 恢复（　　）
13. 活佛（　　）　14. 冷热（　　）　15. 日历（　　）
16. 燃料（　　）　17. 入流（　　）　18. 留任（　　）
19. 容量（　　）　20. 肉瘤（　　）　21. 鹿茸（　　）

二、请边听边在括号里写出成语的声调 Please listen and write down the tones of the Chinese idioms in the brackets

1. 人老珠黄（　　　　）　　2. 来日方长（　　　　）
3. 任劳任怨（　　　　）　　4. 老弱病残（　　　　）
5. 风花雪月（　　　　）　　6. 鹤发童颜（　　　　）
7. 八方呼应（　　　　）　　8. 百废俱兴（　　　　）
9. 敷衍了事（　　　　）　　10. 锋芒毕露（　　　　）

第六课　单韵母分辨
Lesson Six Differentiation of Simple Finals

读音分辨
Differentiation of Pronunciation

汉语中有些单韵母的发音外国学生容易混淆，常常犯错。其中下面这4对比较突出：

1. o — e
2. i — u
3. i — ü
4. u — ü

有的日本学生容易把后半高元音 e[ɤ]发成像日语的[ɯ]，是因为把它发成了高元音；把 u[u]发成[ɯ]，是因为舌没有往后缩。而有的欧美学生把 e[ɤ]发成了英语的[ə]，是因为舌没有抬高后缩。

许多外国学生对汉语的 ü[y]这个音比较陌生，觉得很难。日本学生发 ü 时，常常把舌往后缩，既不像 ü，也不像 u。

以上4对单韵母正确的发音是：

第一对 o 和 e 都是后半高元音。不同的是：o 是圆唇元音；e 是不圆唇元音。

第二对、第三对和第四对的 i、u、ü 都是高元音。第二对 i 和 u 是两个发音部位和唇形都不同的高元音。发 i 音时舌位在前，不圆唇；发 u 音时，舌位在后，圆唇。第三对 i 和 ü 都是前高元音。不同的是：发 i 音时不圆唇；发 ü 音时圆唇。第四对 u 和 ü 都是高圆唇元音。不同的是：发 ü 音时，舌位在前；发 u 音时，舌位在后。

分辨训练
Differentiation Training

一、双音词单韵母分辨 Differentiation of the Simple Finals of the Disyllabic Words

（一）o、e 和 e、o 分辨

1. o 和 e 分辨
请跟读：

bódé	（博得）	mókè	（摹刻）
pǒcè	（叵测）	bōrě	（般若）
mòchē	（末车）	mòhé	（墨盒）

2. e 和 o 分辨
请跟读：

èmó	（恶魔）	kèbó	（刻薄）
zhémó	（折磨）	gémó	（隔膜）
rèbō	（热播）	gēbo	（胳膊）

3. 听音节写出单韵母

(1)　　　　　　(2)　　　　　　(3)

(4)　　　　　　(5)　　　　　　(6)

(7)　　　　　　(8)　　　　　　(9)

(10)　　　　　(11)　　　　　(12)

（二）i、u 和 u、i 分辨

1. i 和 u 分辨
请跟读：

| bǐrú | （比如） | dīgū | （低估） |

jīmù	（积木）	lǐwù	（礼物）
mílù	（迷路）	qítú	（歧途）

2. u 和 i 分辨
请跟读：

gūjì	（估计）	gùdì	（故地）
hùlǐ	（护理）	rùxí	（入席）
búbì	（不必）	rúqī	（如期）

3. 听音节写出单韵母

（1）　　　　　（2）　　　　　（3）

（4）　　　　　（5）　　　　　（6）

（7）　　　　　（8）　　　　　（9）

（10）　　　　（11）　　　　（12）

（三）i、ü 和 ü、i 分辨

1. i 和 ü 分辨
请跟读：

bìxū	（必须）	míyǔ	（谜语）
jīyù	（机遇）	xǐjù	（喜剧）
jíjù	（集聚）	qíyú	（其余）

2. ü 和 i 分辨
请跟读：

lǜjǐ	（律己）	yùjì	（预计）
qǔyì	（曲艺）	yùxí	（预习）
nǔqì	（女气）	jūní	（拘泥）

3. 听音节写出单韵母

（1）　　　　　　（2）　　　　　　（3）

（4）　　　　　　（5）　　　　　　（6）

（7）　　　　　　（8）　　　　　　（9）

（10）　　　　　（11）　　　　　（12）

（四）ü、u 和 u、ü 分辨

1. ü 和 u 分辨

请跟读：

lǚtú	（旅途）	qùlù	（去路）
nǚzhǔrén	（女主人）	lǜzhùshí	（绿柱石）
qǔpǔ	（曲谱）	qūzhú	（驱逐）

2. u 和 ü 分辨

请跟读：

kǔyú	（苦于）	rùyù	（入狱）
lùxù	（陆续）	gùjū	（故居）
bùxǔ	（不许）	chǔyú	（处于）
zhùjū	（住居）	zhǔyǔ	（主语）

3. 听音节写出单韵母

（1）　　　　　　（2）　　　　　　（3）

（4）　　　　　　（5）　　　　　　（6）

（7）　　　　　　（8）　　　　　　（9）

（10）

二、多音词声调、单韵母分辨　Differentiation of the Tones and the Simple Finals of the Polysyllabic Words

1. 请边听边给多音词标出声调，然后跟读。

（1）ma bi da yi　　　　　（麻痹大意）

（2）bo wu xi gu　　　　　（薄物细故）

（3）bo ge ji wu　　　　　（伯歌季舞）

（4）bu ji bu li　　　　　　（不即不离）

（5）bu ji qi shu　　　　　（不计其数）

（6）lu yu di hu　　　　　（鲁鱼帝虎）

（7）wu ju wu shu　　　　（无拘无束）

（8）bu ke qi ji　　　　　　（不可企及）

（9）bu qi er yu　　　　　（不期而遇）

（10）bu yi le hu　　　　　（不亦乐乎）

2. 请边听边写出多音词的单韵母(如 o-e-ü-i)。

（1）　　　　　　（2）　　　　　　（3）

（4）　　　　　　（5）　　　　　　（6）

（7）　　　　　　（8）　　　　　　（9）

（10）

综合练习
Comprehensive Exercises

一、听写音节 Dictation of the Syllables

1. 骨骼（　　　） 2. 祝福（　　　）
3. 复课（　　　） 4. 胳膊（　　　）
5. 几乎（　　　） 6. 腊八（　　　）
7. 闸盒（　　　） 8. 稀疏（　　　）
9. 法律（　　　） 10. 古朴（　　　）
11. 刻苦（　　　） 12. 科普（　　　）
13. 机车（　　　） 14. 拔除（　　　）
15. 马裤（　　　） 16. 打卡（　　　）
17. 爬坡（　　　） 18. 努力（　　　）
19. 特殊（　　　） 20. 暑期（　　　）

二、谜语和古诗 Riddles and Ancient Poems

（一）谜语

1. 请边听边给谜语的拼音标出声调，注意画横线单韵母的读音。

　　　Yi nian qingzhu liang ci.　　（dǎ yí dìmíng）

汉字：一年庆祝两次。　　　　（打一地名）

2. 下面哪个选项是谜底？
　　A. 重庆(Chóngqìng)　 B. 大庆(Dàqìng)　 C. 成都(Chéngdū)

（二）古诗：《暮江吟》 Song to a River at Night

1. 请边听边给古诗的拼音标出声调，然后跟读，注意画横线单韵母的读音。

　　Mu jiang yin (Bai Juyi)

　　Yi dao can yang pu shui zhong,

Ban jiang se se ban jiang hong.

Ke lian Jiu yue chu san ye,

Lu si zhen zhu yue si gong.

2. 请看着汉字读古诗,注意声调。

暮江吟 (白居易)

一道残阳铺水中, 黄昏,夕阳照射水中,
半江瑟瑟半江红。 半江碧绿,半江鲜红。
可怜九月初三夜, 静夜,九月初三多可爱呀,
露似珍珠月似弓。 露珠晶莹,月像弯弓。

三、短文 Short Articles

(一)《怎样选择生活》 *How to Choose the Way of Life*

1. 请边听边给短文句子的拼音标出声调,然后跟读。

(1) You san ge ren yao bei guanjin jianyu san nian, yuzhang keyi manzu tamen yi ren yi ge yaoqiu.
有三个人要被关进监狱三年,狱长可以满足他们一人一个要求。

(2) Di-yi ge ren xihuan chouyan, ta yaole san xiang yan. Di-er ge ren xihuan langman, ta yaole yi ge meili de guniang. Di-san ge ren xihuan zuo shengyi, ta yaole yi bu yu waijie goutong de dianhua.
第一个人喜欢抽烟,他要了三箱烟。第二个人喜欢浪漫,他要了一个美丽的姑娘。第三个人喜欢做生意,他要了一部与外界沟通的电话。

(3) San nian guoqu le, di-yi ge ren chulai shi, shou li, bikong li dou shi yan.
三年过去了,第一个人出来时,手里、鼻孔里都是烟。

(4) Di-san ge ren chulai hou, ta jinjin de wozhu yuzhang de shou shuo:

第六课 单韵母分辨

"Zhe san nian lai, wo mei tian yong dianhua lianxi, wo de shengyi, budan meiyou ting, erqie zengzhangle bai fenzhi wushi. Weile ganxie ni, wo jueding song ni yi liang haohua qiche."

第三个人出来后,他紧紧地握住狱长的手说:"这三年来,我每天用电话联系,我的生意,不但没有停,而且增长了50%。为了感谢你,我决定送你一辆豪华汽车。"

(5) Shenmeyang de xuanze jueding shenmeyang de shenghuo.
什么样的选择决定什么样的生活。

2. 请边听边在短文的汉字上方标出声调,然后跟读,注意画横线汉字单韵母的读音。

怎样选择生活

有三个人要被关进监狱三年,狱长可以满足他们一人一个要求。第一个人
　　(e)　　　　　(ü)　　　　(e)(i)　(u)　　(i)　(i)(e)　　(i)(i)(e)

喜欢抽烟,他要了三箱烟。第二个人喜欢浪漫,他要了一个美丽的姑娘。第三个
(i)　　　(e)　　　(i)　(e)　(i)　　　　　　　(e)(i)(e)　(i)(e)(u)　(i)　　(e)

人喜欢做生意,他要了一部与外界沟通的电话。
(i)　　(i)　　　　(e)(i)(u)(ü)　　　(e)

三年过去了,第一个人出来时,手里、鼻孔里都是烟,大声说:"给我火,
　　　　(ü)(e)　(i)(i)(e)　(u)　　　　(i)　(i)　(i)

给我火!"原来他忘了要打火机了。第二个人出来时,怀里抱着一个孩子,美丽
　　　　　　　　　(e)　　(i)(e)(i)　(e)　(u)　　　(i)　(e)(i)(e)　　(i)

的女子拉着两个孩子。第三个人出来后,他紧紧地握住狱长的手说:"这三年来,
(e)(ü)　　(e)　　(e)　　　　(i)　　(e)　　(u)　　　　　　(e)　(u)(ü)　(e)　　　(e)

我每天用电话联系,我的生意,不但没有停,而且增长了50%。为了感谢你,我
　　　　　　　(i)　(e)　(i)　(u)　　　　　　　　　(e)　　　　(e)　　　(i)

决定送你一辆豪华汽车。"
　　(i)(i)　　　　(e)

这个故事告诉我们,什么样的选择决定什么样的生活。今天的生活是由三
(e)(e)(u)　(u)　　　　(e)(e)　(e)　　(e)　(e)　　　　　(e)

年前的选择决定的,而今天我们的选择将决定我们三年后的生活。
(e)　(e)　(e)　　　　　　(e)　(e)　　　　　　　　(e)

生词语　New Words

选择	xuǎnzé	(动)	choose	選択する 선택하다
监狱	jiānyù	(名)	prison, jail	監獄 감옥
满足	mǎnzú	(动)	meet satisfaction	満足する,満足 である 만족시키다
沟通	gōutōng	(动)	link up, connect	コミュニケー ションをとる 통하다, 교류하다
豪华	háohuá	(形)	luxurious	豪華な 호화롭다

(二)《正视自己》 *Look Squarely at Yourself*

1. 请边听边给短文句子的拼音标出声调,然后跟读。

(1) Yi wei zi yiwei shi bo xue duo cai de qingnian yin de bu dao

第六课 单韵母分辨

zhongyong, feichang kunao.

一位自以为是博学多才的青年因得不到重用,非常苦恼。

(2) Shangdi cong lu bian suibian jianqi yi kuai xiao shizi, you suibian rengle chuqu.

上帝从路边随便捡起一块小石子,又随便扔了出去。

(3) "Bu neng." Qingnian yaole yao tou.

"不能。"青年摇了摇头。

(4) Shangdi ba shouzhi shang de jin jiezhi qu xialai, rengdao shizidui zhong qu.

上帝把手指上的金戒指取下来,扔到石子堆中去。

(5) Qingnian youyule yizhen, xingfen de huida: "Mingbai le."

青年犹豫了一阵,兴奋地回答:"明白了。"

(6) Dang yi ge ren baoyuan ziji huai cai bu yu shi, xuduo de qingkuang qiaqia shi: ta buguo shi yi kuai xiao shizi, er yuanyuan bu shi yi kuai jinzi.

当一个人抱怨自己怀才不遇时,许多的情况恰恰是:他不过是一块小石子,而远远不是一块金子。

2. 请边听边在画横线汉字右边的括号里写出单韵母(z、c、s 和 zh、ch、sh 后面的 i 用 "-i" 表示)。

正视自己

一(＿＿)位自以(＿＿)为是博(＿＿)学多才的(＿＿)青年因得(＿＿)不(＿＿)到重用,非常苦(＿＿)恼,他质问上帝(＿＿),命运为什么(＿＿)对他如(＿＿)此不(＿＿)公。上帝(＿＿)从路(＿＿)边随便捡起(＿＿)一(＿＿)块小石子,又随便扔了(＿＿)出(＿＿)去(＿＿),问青年:"你(＿＿)能找到我刚才扔出(＿＿)去(＿＿)

的(___)那块石子(___)吗?""不(___)能。"青年摇了(___)摇头。上帝(___)
　22　　　　　23　　　　　24　　　　　25　　　　　26
把手指上的(___)金戒指取(___)下来,扔到石子(___)堆中去(___),又问青
　　　　　27　　　　　28　　　　　　29　　　　　30
年:"你(___)能找到我刚才扔出(___)去(___)的(___)金戒指吗?""能。"果
　　31　　　　　　　　32　　33　　34
然,青年没多久就找到了(___)金戒指。"你(___)现在明白了(___)吗?"青年犹
　　　　　　　　　　35　　　　　36　　　　　　37
豫(___)了(___)一(___)阵,兴奋地(___)回答:"明白了(___)。"
　38　　39　　40　　　　　41　　　　　　42

　　其(___)实(___),当一(___)个人抱怨自己(___)
　　43　　44　　　　45　　　　　　46
怀才不(___)遇(___)时(___),许(___)多的(___)情况
　　　47　　48　　49　　50　　　51
恰恰是(___):他(___)不(___)过是(___)一(___)块小石
　　　52　　53　　54　　　55　　56
子(___),而远远不(___)是(___)一(___)块金子(___)。
　57　　　　　　58　　59　　60　　　　61

3. 请边听边在短文的汉字上方标出声调,然后跟读。

正视自己

　　一位自以为是博学多才的青年因得不到重用,非常苦恼,他质问上帝,命运为什么对他如此不公。

　　上帝从路边随便捡起一块小石子,又随便扔了出去,问青年:"你能找到我刚才扔出去的那块石子吗?""不能。"青年摇了摇头。上帝把手指上的金戒指取下来,扔到石子堆中去,又问青年:"你能找到我刚才扔出去的金戒指吗?""能。"果然,青年没多久就找到了金戒指。"你现在明白了吗?"青年犹豫了一阵,兴奋地回答:"明白了。"

　　其实,当一个人抱怨自己怀才不遇时,许多的情况恰恰是:他不过是一块小石子,而远远不是一块金子。

第六课 单韵母分辨

生词语 New Words

质问	zhìwèn	（动）	interrogate	詰問する 따져 묻다
命运	mìngyùn	（名）	destiny	運命 운명
石子	shízǐ	（名）	cobble	小石 자갈
抱怨	bàoyuàn	（动）	complain	怨みを抱く 원망하다
怀才不遇	huái cái bú yù		have unrecog-nized talents	才能がありながら発揮するチャンスに恵まれないこと 재능이 있으나 펼 기회를 만나지 못하다

课后自测题
After Class Self-test Exercises

一、请边听边在括号里写出双音词的单韵母 Please listen and write down the simple finals of the disyllabic words in the brackets

1. 热播（　　　）　　2. 折磨（　　　）　　3. 礼物（　　　）
4. 估计（　　　）　　5. 必须（　　　）　　6. 喜剧（　　　）
7. 不许（　　　）　　8. 旅途（　　　）　　9. 居住（　　　）
10. 巫婆（　　　）　　11. 讹诈（　　　）　　12. 阿谀（　　　）
13. 鳄鱼（　　　）　　14. 打鼓（　　　）　　15. 阿姨（　　　）
16. 蚂蚁（　　　）　　17. 可恶（　　　）　　18. 义务（　　　）
19. 比喻（　　　）　　20. 玉米（　　　）　　21. 榆树（　　　）

二、请边听边在括号里写出成语的声调　Please listen and write down the tones of the Chinese idioms in the brackets

1. 博古通今（　　　）　　　2. 磨杵成针（　　　）
3. 得心应手（　　　）　　　4. 和风细雨（　　　）
5. 机不可失（　　　）　　　6. 七手八脚（　　　）
7. 出口成章（　　　）　　　8. 俗不可耐（　　　）
9. 屡见不鲜（　　　）　　　10. 旭日东升（　　　）

第七课　复韵母分辨
Lesson Seven　Differentiation of Compound Finals

读音分辨
Differentiation of Pronunciation

汉语中有些复韵母读音相近,外国学生容易混淆,难以把握。这些复韵母主要有6对,它们是:

1. ai—ei
2. ia—ie
3. ua—uo
4. ao—ou
5. uai—uei
6. iao—iou

有的外国学生常把两个元音构成的复韵母发成一个元音的单韵母。如把 ai[ai]发成[æ],把 ei[ei]发成[e],把 ao[ɑu]发成[ɔ]。有的学生把三个元音构成的复韵母发成两个元音的复韵母。如把 uai[uai]发成 ai[ai],把 uei[uei]发成[ei]。还有的学生分不清 ai 和 ei、uo 和 ou 等复韵母的发音差别,常出现发音相混的错误。

以上6对复韵母正确的发音是:

第一对 ai 和 ei 都是前响复韵母,发音时舌位都向 i 靠近。不同的是:发 ai 音时,a 的舌位低,靠前,口形大;发 ei 音时,e 的舌位半高,靠前,口形扁平。

第二对 ia 和 ie 都是后响复韵母,都是 i 短。不同的是:发 ia 音时,a 的舌位低,居中,口形大;发 ie 音时(e 其实是 ê),舌位半低,靠前,口形小。

第三对 ua 和 uo 都是后响复韵母,都是 u 短。不同的是:发 ua 音时,a 的舌位低,居中,口形大;发 uo 音时,o 的舌位半高,靠后,圆唇。

第四对 ao 和 ou 都是前响复韵母,发音时舌位都向 u 靠近。不同的是:发 ao 音时,a 的舌位低,靠后,口形大;发 ou 音时,o 的舌位半高,靠后,圆唇。

第五对 uai 和 uei 都是中响复韵母,都是 u 短,最后都向 i 靠近。不同的是:发 uai 音时,a 的舌位低,靠前,口形大;发 uei 音时,e 的舌位半高,靠前,口形小。

第六对 iao 和 iou 也是中响复韵母,都是 i 短,最后都向 u 靠近。不同的是:发 iao 音时,a 的舌位低,靠后,口形大;发 iou 音时,o 的舌位半高,靠后,圆唇。

分辨训练
Differentiation Training

一、双音词复韵母分辨 Differentiation of the Compound Finals of the Disyllabic Words

(一) ai、ei 和 ia、ie 分辨

1. ai 和 ei 分辨

请跟读:

ài měi	(爱美)	báifèi	(白费)
bēidài	(背带)	bèidài	(被袋)
hǎinèi	(海内)	bàilèi	(败类)
nèizhái	(内宅)	nèihǎi	(内海)

2. ia 和 ie 分辨

请跟读:

jiāyè	(家业)	xiàliè	(下列)
yěyā	(野鸭)	jiēqià	(接洽)
xiàdiē	(下跌)	jiābèi	(加倍)
tiějiǎ	(铁甲)	jiējià	(接驾)

3. 听音节写出复韵母

(1)　　　　　(2)　　　　　(3)　　　　　(4)

(5)　　　　　(6)　　　　　(7)　　　　　(8)

(9)　　　　　(10)　　　　　(11)　　　　　(12)

(13)　　　　　(14)　　　　　(15)　　　　　(16)

(二) ua、uo 和 ao、ou 分辨

1. ua 和 uo 分辨

请跟读：

guàhuǒ （挂火）	huāduǒ （花朵）
zhuāhuò （抓获）	wōguā （倭瓜）
duōguǎ （多寡）	guàguǒ （挂果）
guóhuā （国花）	huóhuà （活化）

2. ao 和 ou 分辨

请跟读：

hǎoshǒu （好手）	máodòu （毛豆）
kǒuhào （口号）	zhōudào （周到）
dàotóu （到头）	bāotóu （包头）
tóutào （头套）	chóubào （酬报）

3. 听音节写出复韵母

（1）　　　　　（2）　　　　　（3）　　　　　（4）

（5）　　　　　（6）　　　　　（7）　　　　　（8）

（9）　　　　　（10）　　　　　（11）　　　　　（12）

（13）　　　　　（14）　　　　　（15）　　　　　（16）

(三) uai、uei 和 iao、iou 分辨

1. uai 和 uei 分辨

请跟读：

| kuàiwèi （快慰） | wàihuì （外汇） |
| guǐguài （鬼怪） | huǐhuài （毁坏） |

kuàizuǐ　（快嘴）　　　guàizuì　（怪罪）
guǐguài　（诡怪）　　　zuǐkuài　（嘴快）

2. iao 和 iou 分辨
请跟读：

jiāoliú　（交流）　　　xiǎoniū　（小妞）
diūdiào　（丢掉）　　　liùniǎo　（遛鸟）
xiǎoqiú　（小球）　　　yàojiǔ　（药酒）
jiǔyào　（酒药）　　　jiùjiào　（就教）

3. 听音节写出复韵母

（1）　　　　（2）　　　　（3）　　　　（4）

（5）　　　　（6）　　　　（7）　　　　（8）

（9）　　　　（10）　　　（11）　　　（12）

（13）　　　（14）　　　（15）　　　（16）

二、多音词声调、复韵母分辨　Differentiation of the Tones and the Compound Finals of the Polysyllabic Words

1. 请边听边给多音词标出声调，然后跟读。

（1）shui guo ya bei　　　（水过鸭背）

（2）shuo hei dao bai　　　（说黑道白）

（3）kai hua jie guo　　　（开花结果）

（4）nie shou nie jiao　　（蹑手蹑脚）

（5）jiao rou zao zuo　　　（矫揉造作）

（6）hao shuo dai shuo　　　（好说歹说）

（7）hua shuo liu dao　　　（花说柳道）

（8）kou bei zai dao　　　（口碑载道）

（9）shui luo gui cao　　　（水落归槽）

（10）gui tou gui nao　　　（鬼头鬼脑）

2. 请边听边写出多音词中的复韵母（如ai-ei-ia-üe）。

（1）　　　　　　　（2）　　　　　　　（3）

（4）　　　　　　　（5）　　　　　　　（6）

（7）　　　　　　　（8）　　　　　　　（9）

（10）

综合练习
Comprehensive Exercises

一、听写音节 Dictation of the Syllables

1. 爱好（　　）　　2. 回跌（　　）
3. 好多（　　）　　4. 抓获（　　）
5. 背包（　　）　　6. 条规（　　）
7. 外表（　　）　　8. 握手（　　）
9. 口才（　　）　　10. 流派（　　）
11. 微笑（　　）　　12. 冒昧（　　）
13. 牙雕（　　）　　14. 走高（　　）

15. 了解（　　　　）　　16. 加油（　　　　）
17. 友好（　　　　）　　18. 陪练（　　　　）
19. 野菜（　　　　）　　20. 节略（　　　　）

二、谜语和古诗　Riddles and Ancient Poems

（一）谜语

1. 请边听边给谜语的拼音标出声调，注意画横线复韵母的读音。

　　Bu pa qiāng, bu pa d<u>ao</u>, jiu pa feng g<u>ua</u>duanle y<u>ao</u>.
　　　　　　　　　　　　　　　　　　　　　　　　(dǎ yí wù)

> 汉字：不怕枪，不怕刀，就怕风刮断了腰。（打一物）

2. 下面哪个选项是谜底？
　　A. 风(fēng)　　B. 雨(yǔ)　　C. 烟(yān)

（二）古诗：《夜宿山寺》 Sleeping in a Temple at Night

1. 请边听边给古诗的拼音标出声调，然后跟读，注意画横线复韵母的读音。

Ye su shan si (Li Bai)

W<u>ei</u> l<u>ou</u> g<u>ao</u> b<u>ai</u> chi,

Sh<u>ou</u> ke zh<u>ai</u> xing chen.

Bu gan g<u>ao</u> sheng yu,

Kong jing tian shang ren.

2. 请看着汉字读古诗，注意声调。

> **夜宿山寺**（李白）
> 危楼高百尺，　　　登上高高的楼，
> 手可摘星辰。　　　好像一伸手就可以摘到天上的星辰。
> 不敢高声语，　　　不敢大声地说话呀，
> 恐惊天上人。　　　生怕惊动了天上宫殿里的仙人。

第七课　复韵母分辨

三、短文　Short Articles

（一）《自己才能救自己》 *Only You Can Help Yourself*

1. 请边听边给短文句子的拼音标出声调，然后跟读。

(1) Erzi zai waidi yi jia binguan dang fuwuyuan, gongzuo rang laoban hen bu manyi, laoban dasuan citui ta.
儿子在外地一家宾馆当服务员，工作让老板很不满意，老板打算辞退他。

(2) Pengyou gaosu ta, laoban yijing gaibian zhuyi le. Pengyou shuo, shi yi wan caitang gaibianle ta de mingyun.
朋友告诉他，老板已经改变主意了。朋友说，是一碗菜汤改变了他的命运。

(3) Yi dui xinhun fufu zai nali dingle ji zhuo jiuxi.
一对新婚夫妇在那里订了几桌酒席。

(4) Ta zai shang cai shi, youyu keren hezui le, ba jiu sa zai dishang, hai mei ca ganjing, ta zhenghao duanzhe yi wan re tang jinlai, jiao xia yi hua, yankan tangwan jiu yao hua xiang guke, ta jimang ba tuopan daoxiang ziji.
他在上菜时，由于客人喝醉了，把酒洒在地上，还没擦干净，他正好端着一碗热汤进来，脚下一滑，眼看汤碗就要滑向顾客，他急忙把托盘倒向自己。

(5) Laoban bei gandong le, jueding jixu yong ta.
老板被感动了，决定继续用他。

2. 请边听边在短文的汉字上方标出声调，然后跟读，注意画横线汉字复韵母的读音。

自己才能救自己
(ai)　(iu)

儿子在外地一家宾馆当服务员，工作让老板很不满意，老板打算辞退他。父
　　(ai)(uai)　(ia)　　　　　　(uo)(ao)　　　　　　　　(ui)

亲很着急，赶快找朋友想想办法。朋友告诉他，老板已经
　(ao)　(uai)(ao)　　　　　(iou)(ao)　(ao)

改变主意了。朋友说，是一碗菜汤改变了他的命运。
(ai)　　　　　(iou)(uo)　　(ai)　(ai)

一天晚上，一对新婚夫妇在那里订了几桌酒席。
　　　(ui)　　(ai)　　　　　(uo)(iu)

他在上菜时，由于客人喝醉了，把酒洒在地上，还没擦
　(ai)　(ai)　(iou)　(ui)　　(iu)(ai)　(ai)(ei)

干净，他正好端着一碗热汤进来，脚下一滑，眼看汤碗就要滑向顾客，他急忙把
　　　　　(ao)　　　　　　　　(ai)(iao)(ia)(ua)　　　　(iu)(iao)(ua)

托盘倒向自己，一碗热汤都洒在他身上……正好被路过这里的老板看见了，老板
(uo)(ao)　　　　　(ou)　(ai)　　　　　(ao)(ei)(uo)　　(ao)　　　　　(ao)

被感动了，决定继续用他。
(ei)

原来是这样，父亲为儿子高兴。其实真正能改变自己的不是别人，而是自己。
　(ai)　　　　(uei)　(ao)　　　　　　　(ai)　　　　　　(ie)

 生词语　New Words

| 辞退 | cítuì | （动） | dismiss, discharge | 解雇する
해고하다 |
| 托盘 | tuōpán | （名） | (serving) tray | お盆
쟁반 |

倒	dǎo	（动）	fall over	倒れる	
				넘어지다	
向	xiàng	（介）	towards	～に向って	
				～을 향하여	

（二）《生命的延续》 *Maintenance of Life*

1. 请边听边给短文句子的拼音标出声调，然后跟读。

(1) Qingchen, shamo zhong de xiaochongmen zaozao qichuang, dakai fangmen, yi zhi jie yi zhi de cong shaqiu dibu tamen de jia pa shanglai.
清晨，沙漠中的小虫们早早起床，打开房门，一只接一只地从沙丘底部它们的家爬上来。

(2) Xiaochongmen zai shaqiu ding shang liedui, yi da pai de liqi shenzi, ba tamen guanghua de beijia duizhe tong yi ge fangxiang.
小虫们在沙丘顶上列队，一大排地立起身子，把它们光滑的背甲对着同一个方向。

(3) Zai taiyang hai meiyou sheng qilai de shihou, hui you yizhen qingfeng cong zhege fangxiang chuilai, fuguo shaqiu de biaomian, pashang xiaochongr de shenti.
在太阳还没有升起来的时候，会有一阵清风从这个方向吹来，抚过沙丘的表面，爬上小虫儿的身体。

(4) Xiaochongr chang shijian yi dong bu dong, zai tamen de beijia shang ye qiaoqiao de ningqile shuizhu, zhe shi chenfeng dailai de jin you de yidianr shirun.
小虫儿长时间一动不动，在它们的背甲上也悄悄地凝起了水珠，这是晨风带来的仅有的一点儿湿润。

(5) Shuizhu yue ju yue da, zhongyu chengle yi di shuidi.
水珠越聚越大，终于成了一滴水滴。

(6) Shuidi liuguo tamen de bozi、naodai、bizi, zuihou, liudao tamen de zui bian, chengle xiaoxiao de jiaqiaochongmen yi tian lai yi weixi shengming de ganlu.
水滴流过它们的脖子、脑袋、鼻子，最后，流到它们的嘴边，成了小小的甲壳虫们一天赖以维系生命的甘露。

(7) Zhe shi xiaochongmen mei tian yiding yao zuo de qiu shui huodong, tamen kaozhe zhe yi di xiao shuidi yi cici de yanxuzhe ziji de shengming.
这是小虫们每天一定要做的求水活动，它们靠着这一滴小水滴一次次地延续着自己的生命。

2. 请边听边在画横线汉字右边的括号里写出复韵母。

生命的延续

清晨，沙漠中的小(___)虫儿们早(___)早(___)起床，打开(___)
　　　　　　　　　 1　　　　　 2　　 3　　　　　4
房门，一只接(___)一只地从沙丘(___)底部它们的家(___)爬上
　　　　　　 5　　　　　　　　 6　　　　　　　　 7
来(___)，在(___)沙丘(___)顶上列(___)队(___)，一大排(___)地
　 8　　 9　　　 10　　　　 11　　 12　　　　 13
立起身子，把它们光滑(___)的背(___)甲(___)对(___)着同一个方向。
　　　　　　　　　 14　　　 15　　 16　　 17
在(___)太(___)阳还(___)没(___)有(___)升起的时候(___)，会(___)
　 18　 19　　　 20　　 21　　 22　　　　　　　 23　　　 24
有(___)一阵清风从这个方向吹(___)来(___)，抚过(___)沙丘(___)
　 25　　　　　　　　　　　　 26　　 27　　　 28　　　 29
的表(___)面，爬上小(___)虫儿的身体。小(___)虫儿长时间一动不动，
　　 30　　　　　 31　　　　　　 32
在(___)它们的背(___)甲(___)上也(___)悄(___)悄(___)地凝起了
　 33　　　　　 34　　 35　　　 36　　 37　　 38

第七课　复韵母分辨

水(＿＿)珠，这是晨风带(＿＿)来(＿＿)的仅有(＿＿)的一点儿湿润。
　39　　　　　　　　　40　　　41　　　　42

水(＿＿)珠越(＿＿)聚越(＿＿)大，终于成了一滴水(＿＿)滴。水(＿＿)滴
　43　　　44　　　45　　　　　　　　46　　　　47

从小(＿＿)虫儿的背(＿＿)上流(＿＿)下(＿＿)来(＿＿)，流(＿＿)过(＿＿)
　　48　　　　　49　　　　50　　　51　　52　　　53　　54

它们的脖子、脑(＿＿)袋(＿＿)、鼻子，最(＿＿)后(＿＿)，流(＿＿)到(＿＿)
　　　　　　　55　　56　　　　　　57　　58　　59　　60

它们的嘴(＿＿)边，成了小(＿＿)小(＿＿)的
　　　　61　　　　　　62　　63

甲(＿＿)壳虫们一天赖(＿＿)以维(＿＿)系生
　64　　　　　　　　65　　　66

命的甘露。

　　这是小(＿＿)虫们每(＿＿)天一定要(＿＿)
　　　　　67　　　　68　　　　　69

做(＿＿)的求(＿＿)水(＿＿)活(＿＿)动，它们
　70　　　71　　　72　　　73

靠(＿＿)着这一滴小(＿＿)水(＿＿)滴一次次地延续着自己的生命。
　74　　　　　　75　　　76

　　小(＿＿)虫儿仅仅为(＿＿)了一滴水(＿＿)，一滴要(＿＿)活(＿＿)命的
　　77　　　　　　78　　　　　79　　　　　80　　81

水(＿＿)，静静地在(＿＿)沙丘(＿＿)上立起，人呢？我(＿＿)伸手(＿＿)摸摸
　82　　　　　　83　　　84　　　　　　　　85　　　86

自己的脊背(＿＿)，希望能发现有(＿＿)水(＿＿)流(＿＿)过(＿＿)的痕迹。
　　　　87　　　　　　　　　　88　　89　　90　　91

3. 请边听边在短文的汉字上方标出声调，然后跟读。

生命的延续

　　清晨，沙漠中的小虫们早早起床，打开房门，一只接一只地从沙丘底部它们的家爬上来，在沙丘顶上列队，一大排地立起身子，把它们光滑的背甲对着同一个方向。在太阳还没有升起的时候，会有一阵清风从这个方向吹来，抚过沙丘的表面，爬上小虫儿的身体。小虫儿长时间一动不动，在它们的背甲上也悄悄地凝起了水珠，这是晨风带来的仅有的一点儿湿润。水珠越聚越大，终于成了一滴水

滴。水滴从小虫儿的背上流下来,流过它们的脖子、脑袋、鼻子,最后,流到它们的嘴边,成了小小的甲壳虫们一天赖以维系生命的甘露。

这是小虫们每天一定要做的求水活动,它们靠着这一滴小水滴一次次地延续着自己的生命。

小虫儿仅仅为了一滴水,一滴要活命的水,静静地在沙丘上立起,人呢?我伸手摸摸自己的脊背,希望能发现有水流过的痕迹。

生词语　New Words

沙漠	shāmò	(名)	desert	砂漠 사막
沙丘	shāqiū	(名)	(sand) dune	砂丘 사구, 모래 언덕
抚	fǔ	(动)	stroke	撫でる 어루만지다
表面	biǎomiàn	(名)	surface	表面 표면
凝	níng	(动)	congeal	凝結する, 固まる 엉기다, 엉겨붙다
赖	lài	(动)	depend on, rely on	頼る 의지하다
维系	wéixì	(动)	maintain	維持する 유지하다
甘露	gānlù	(名)	sweet dew	甘露 감로

课后自测题
After Class Self-test Exercises

一、请边听边在括号里写出双音词的复韵母 Please listen and write down the compound finals of the disyllabic words in the brackets

1. 口袋（　　　）　　2. 下跌（　　　）　　3. 花朵（　　　）
4. 周到（　　　）　　5. 外汇（　　　）　　6. 交流（　　　）
7. 遛鸟（　　　）　　8. 怪味（　　　）　　9. 国花（　　　）
10. 好手（　　　）　11. 白果（　　　）　12. 肥皂（　　　）
13. 烤火（　　　）　14. 烧毁（　　　）　15. 筹备（　　　）
16. 佳作（　　　）　17. 恰好（　　　）　18. 代表（　　　）
19. 缺少（　　　）　20. 漂流（　　　）　21. 衰老（　　　）

二、请边听边在括号里写出成语的声调 Please listen and write down the tones of the Chinese idioms in the brackets

1. 百读不厌（　　　　）　　2. 杯弓蛇影（　　　　）
3. 家喻户晓（　　　　）　　4. 接二连三（　　　　）
5. 刮目相看（　　　　）　　6. 过目不忘（　　　　）
7. 抛砖引玉（　　　　）　　8. 扣人心弦（　　　　）
9. 怀瑾握瑜（　　　　）　　10. 追根究底（　　　　）

第八课　鼻韵母分辨
Lesson Eight Differentiation of Nasal Finals

读音分辨
Differentiation of Pronunciation

汉语中有 2 组 7 对鼻韵母读音相近，外国学生发音时不容易分辨。这两组鼻韵母是：

第一组	第二组
1. an — en	1. ang — eng
2. ian — in	2. iang — ing
3. uan — uen	3. uang — ueng
4. üan — ün	

有的日本学生发 an[an]时，往往掌握不好韵尾 -n 的位置，收音时，舌的位置介于 -n 与 -ng 之间，因而发出的音含混不清。由于受母语的影响，有的俄罗斯学生在发完了鼻韵母后总习惯带上一个舌根不送气浊塞音[g]。还有一些外国学生受字母形状的影响，把 ian[iɛn]发成[ian]，把 üan[yɛn]发成[yan]。

以上 7 对鼻韵母正确的发音是：

第一组的 4 对都是前鼻韵母，发完元音后，舌尖都要抵住上齿龈，-n 除阻阶段不发音。其中第一对和第三对的 a 都要发成前 a[a]，第二对和第四对的 a 要发成 ê[ɛ]。虽然第二对的 in 和第四对的 ün 没有写出 e，但发音时跟 en 和 uen 一样，要发成 ien 和 üen。要注意的是：第二对的 ian 和 in，发音开始舌都在 i 的部位，第三对的 uan 和 uen，发音开始舌都在 u 的部位，第四对的 üan 和 ün，发音开始舌都在 ü 的部位。

第二组的 3 对都是后鼻韵母，发完元音后，舌根都要抬起抵住软腭，-ng 除阻阶段不发音。这 3 对的 a 都要发成后 a[ɑ]。虽然第二对的 ing，没有写出 e，但发音时跟 eng 和 ueng 一样，要发成 ieng。要注意的是：第二对的 iang 和 ing，发音开始舌都在 i 的部位；第三对的 uang 和 ueng，发音开始舌都在 u 的部位。

第八课 鼻韵母分辨

分辨训练
Differentiation Training

一、双音词鼻韵母分辨 Differentiation of the Nasal Finals of the Disyllabic Words

（一）an、en 和 ian、in 分辨

1. an 和 en 分辨

请跟读：

gǎnrén	（感人）	shānmén	（山门）
fēnsàn	（分散）	shēnshān	（深山）
fànrén	（犯人）	bānhén	（斑痕）
ménbǎn	（门板）	rénfàn	（人犯）

2. ian 和 in 分辨

请跟读：

diǎnxīn	（点心）	xiànjīn	（现金）
jīnnián	（今年）	xìnjiàn	（信件）
biànxīn	（变心）	qiánjìn	（前进）
jìnqián	（近前）	jīnlián	（金莲）

3. 听音节写出鼻韵母

（1） （2） （3） （4）

（5） （6） （7） （8）

（9） （10） （11） （12）

（13） （14） （15） （16）

（二）uan、uen 和 üan、ün 分辨

1. uan 和 uen 分辨

请跟读：

chuánwén	（传闻）	zhuānwén	（专文）
cúnkuǎn	（存款）	wēnnuǎn	（温暖）
wǎnhūn	（晚婚）	luànlún	（乱伦）
lúnhuàn	（轮换）	cùnduàn	（寸断）

2. üan 和 ün 分辨

请跟读：

yuánxūn	（元勋）	yuánjūn	（援军）
yùnquān	（晕圈）	jūnquán	（军权）

3. 听音节写出鼻韵母

（1） 　　（2） 　　（3） 　　（4）

（5） 　　（6） 　　（7） 　　（8）

（9） 　　（10） 　　（11） 　　（12）

（三）ang、eng，iang、ing 和 uang、ueng 分辨

1. ang 和 eng 分辨

请跟读：

Chángchéng	（长城）	shàngcéng	（上层）
lěngtàng	（冷烫）	zhèngcháng	（正常）
chángshēng	（长生）	fāngzhèng	（方正）
zhèngfāng	（正方）	shēngzhǎng	（生长）

2. iang 和 ing 分辨

请跟读：

xiángqíng	（详情）	yángpíng	（阳平）
tīngjiǎng	（听讲）	yǐngxiǎng	（影响）

xiàngxíng （象形）		jiǎngpíng （讲评）	
píngjiǎng （评奖）		xíngxiàng （形象）	

3. uang 和 ueng 分辨

请跟读：

wángcháo （王朝）		wàngdiào （忘掉）	
zhuāngyán （庄严）		guāngbiāo （光标）	
wēngchéng （瓮城）		wěngyù （蓊郁）	
wēngxuē （鞼靴）		wèngcài （蕹菜）	

4. 听音节写出鼻韵母

（1）　　　　（2）　　　　（3）　　　　（4）

（5）　　　　（6）　　　　（7）　　　　（8）

（9）　　　　（10）　　　（11）　　　（12）

（13）　　　（14）　　　（15）　　　（16）

（17）　　　（18）　　　（19）　　　（20）

二、多音词声调、鼻韵母分辨　Differentiation of the Tones and the Nasal Finals of the Polysyllabic Words

1. 请边听边给多音词标出声调，然后跟读。

（1）an jian shang ren　　　（暗箭伤人）

（2）ban shang ding ding　　（板上钉钉）

（3）jian cheng qian jin　　　（兼程前进）

（4）chen hun ding xing　　　　　（晨昏定省）

（5）cang xin bing kuang　　　　　（丧心病狂）

（6）cheng huang cheng kong　　　（诚惶诚恐）

（7）chun feng man mian　　　　　（春风满面）

（8）dan zhan xin jing　　　　　　（胆战心惊）

（9）leng yan pang guan　　　　　（冷眼旁观）

（10）feng yun bian huan　　　　　（风云变幻）

2. 请边听边写出多音词中的鼻韵母(如 en-in-uen-eng)。

（1）　　　　（2）　　　　（3）　　　　（4）

（5）　　　　（6）　　　　（7）　　　　（8）

（9）　　　　（10）

综合练习
Comprehensive Exercises

一、听写音节　Dictation of the Syllables

1. 安静（　　　）　　2. 问卷（　　　）
3. 本能（　　　）　　4. 运转（　　　）
5. 研判（　　　）　　6. 原本（　　　）
7. 因循（　　　）　　8. 当今（　　　）
9. 应允（　　　）　　10. 掌管（　　　）

11. 晚餐（　　　）　　12. 等同（　　　）
13. 忘情（　　　）　　14. 装扮（　　　）
15. 文凭（　　　）　　16. 阳光（　　　）
17. 感动（　　　）　　18. 干练（　　　）
19. 愿望（　　　）　　20. 难点（　　　）

二、谜语和古诗 Riddles and Ancient Poems

（一）谜语

1. 请边听边给谜语的拼音标出声调，注意画横线鼻韵母的读音。

　　　　Dajie yi lian ba.　　　（dǎ yí wù）

汉字：大姐一脸疤。　　　　（打一物）

2. 下面哪个选项是谜底？

　　A. 核桃(hétao)　　B. 糖果(tángguǒ)　　C. 松子儿(sōngzǐr)

（二）古诗：《望庐山瀑布》 *The Waterfall in Mount Lu Viewed from Afar*

1. 请边听边给古诗的拼音标出声调，然后跟读，注意画横线鼻韵母的读音。

Wang Lu Shan pu bu (Li Bai)

Ri zhao Xianglu sheng zi yan,

Yao kan pu bu gua qian chuan.

Fei liu zhi xia san qian chi,

Yi shi yin he luo jiu tian.

2. 请看着汉字读古诗,注意声调。

望庐山瀑布(李白)

日照香炉生紫烟,　　阳光下的香炉峰升起紫色的云烟,
遥看瀑布挂前川。　　远远地望去瀑布似的挂在山的前面。
飞流直下三千尺,　　奔驰的急流落差有三千多尺高,
疑是银河落九天。　　好像是天上的银河落到人间。

三、短文 Short Articles

(一)《不能等待》 *Don't Waste Time*

1. 请边听边给短文句子的拼音标出声调,然后跟读。

(1) Fudu yi nian, wo reng mei kaoshang daxue.
复读一年,我仍没考上大学。

(2) Mei tian zhongwu wo qu shichang gei muqin song fan, dou kanjian ta dui guke hen reqing.
每天中午我去市场给母亲送饭,都看见她对顾客很热情。

(3) You tian zhongwu, muqin shuo ta you shi, rang wo bang ta mai cai.
有天中午,母亲说她有事,让我帮她卖菜。

(4) Ke zhe dishang de cai, dao mingtian jiu bu xinxian le, youde hui landiao, yinggai mashang maidiao.
可这地上的菜,到明天就不新鲜了,有的会烂掉,应该马上卖掉。

(5) Zuo ren ye yiyang, yao xiang you qiantu, jiu yao chen nianqing duo nuli.
做人也一样,要想有前途,就要趁年轻多努力。

(6) Houlai wo cai zhidao, qishi na tian muqin genben meiyou shi.
后来我才知道,其实那天母亲根本没有事。

(7) Congci mai cai de zhexue jiu yongyuan ji zai wo de xinli.
　　从此卖菜的哲学就永远记在我的心里。

2. 请边听边在短文的汉字上方标出声调,然后跟读,注意画横线汉字鼻韵母的读音。

不能等待

复读一年,我仍没考上大学。母亲很少说话,每天清早起床,买菜、洗菜、卖
　　　(ian) (eng)　 (ang)　　　　　 (in)(en)　　　 (ian)(ing)　(uang)

菜……每天中午我去市场给母亲送饭,都看见她对顾客很热情,所以,母亲的菜
　　　 (ian)　　　 (ang)　　 (in) (an)　(an)(ian)　　　 (en) (ing)　　　 (in)

总是第一个卖完。
(ong)　　　(uan)

有天中午,母亲说她有事,让我帮她卖菜。天快黑时,母亲回来了,看到菜摊
　(ian)　　 (in)　　　　(ang)(ang)　　　 (ian)　　　 (in)　　　 (an)　(an)

上还有很多菜,母亲不高兴地说:"你不是一个卖菜的,我也不愿让你做一个卖菜
(ang) (en)　 (in)　 (ing)　　　　　　　　　　　　　　(üan)(ang)

的。可这地上的菜,到明天就不新鲜了,有的会烂掉,应该马上卖掉。做人也一样,
　　　　　 (ang)　　 (ing)(ian) (in)(ian)　　　 (an) (ing)　(ang)　　　(en)　(ang)

要想有前途,就要趁年轻多努力……"我的心猛然一动。
(iang)(ian)　　 (en)(ian)(ing)　　　　(in)(eng)(an)(ong)

一年后,我考上了大学。后来我才知道,其实那天母亲根本没有事。从此卖菜
　(ian)　　　(ang)　　　　　　　　　　　 (ian)(in)(en)(en)

的哲学就永远记在我的心里。
　　　(ong)(üan)　　(in)

105

生词语 New Words

| 趁 | chèn | （介） | taking advantage of | 〜のうちに
〜을 틈타 |
| 哲学 | zhéxué | （名） | philosophy | 哲学
철학 |

（二）《掌握自己的快乐》 *Be the Master of Your Own*

1. 请边听边给短文句子的拼音标出声调，然后跟读。

(1) Mei ren xinzhong dou you ba "kuaile de yaoshi", dan women que chang zai bu zhi bu jue zhong ba ta jiao gei bieren zhangguan.
每人心中都有把"快乐的钥匙"，但我们却常在不知不觉中把它交给别人掌管。

(2) Yi wei nüshi baoyuan dao: "Wo huo de hen bu kuaile, yinwei xiansheng chang chuchai bu zai jia."
一位女士抱怨道："我活得很不快乐，因为先生常出差不在家。"

(3) Yi ge nanren shuo: "Shangsi bu shangshi wo, suoyi wo qingxu diluo!" Zhe ba kuaile de yaoshi bei sai zai laoban shou li.
一个男人说："上司不赏识我，所以我情绪低落！"这把快乐的钥匙被塞在老板手里。

(4) Zhexie ren dou zuole xiangtong de jueding, jiu shi rang bieren lai kongzhi ziji.
这些人都做了相同的决定，就是让别人来控制自己。

(5) Yi wei zuojia he pengyou zai baotan shang mai baozhi. Mian dui pengyou limao de shuo sheng xiexie, baofan que lengbingbing

第八课　鼻韵母分辨

de bu shuo hua.
一位作家和朋友在报摊上买报纸。面对朋友礼貌地说声谢谢,报贩却冷冰冰地不说话。

(6) Yi ge chengshu de ren wozhu ziji kuaile de yaoshi, ta bu qidai bieren shi ta kuaile, fan'er neng ba kuaile yu xingfu dai gei bieren.
一个成熟的人握住自己快乐的钥匙,他不期待别人使他快乐,反而能把快乐与幸福带给别人。

2. 请边听边在画横线汉字右边的括号里写出鼻韵母。

掌握自己的快乐

每<u>人</u>(＿＿)心(＿＿)<u>中</u>(＿＿)都有把"快乐的钥匙",<u>但</u>(＿＿)我们却<u>常</u>(＿＿)
　　　1　　　　2　　　　3　　　　　　　　　　　　4　　　　　　　5

在不知不觉<u>中</u>(＿＿)把它交给别<u>人</u>(＿＿)<u>掌</u>(＿＿)<u>管</u>(＿＿)。
　　　　　　6　　　　　　　　　7　　　8　　　9

一位女士抱<u>怨</u>(＿＿)道:"我活得<u>很</u>(＿＿)不快乐,<u>因</u>(＿＿)
　　　　　　　10　　　　　　　　11　　　　　　12

为<u>先</u>(＿＿)<u>生</u>(＿＿)<u>常</u>(＿＿)出差不在家。"她把快乐的钥匙
　　13　　　14　　　15

<u>放</u>(＿＿)在<u>先</u>(＿＿)<u>生</u>(＿＿)手里。一位妈妈说:"我的孩子不
　16　　　　　17　　　18

<u>听</u>(＿＿)话,叫我很(＿＿)<u>生</u>(＿＿)气!"她把钥匙交在孩子手<u>中</u>(＿＿)。一个
　19　　　　　　20　　　　21　　　　　　　　　　　　　　　　　　　22

<u>男</u>(＿＿)<u>人</u>(＿＿)说:"<u>上</u>(＿＿)司不<u>赏</u>(＿＿)识我,所以我<u>情</u>(＿＿)绪低落!"
　23　　24　　　　25　　　　26　　　　　　　　27

这把快乐的钥匙被塞在老<u>板</u>(＿＿)手里。
　　　　　　　　　　　　　28

这些<u>人</u>(＿＿)都做了<u>相</u>(＿＿)<u>同</u>(＿＿)的决
　　　29　　　　　　30　　31

<u>定</u>(＿＿),就是<u>让</u>(＿＿)别人来<u>控</u>(＿＿)制自己。
　32　　　　　33　　　　　34

一位作家和朋(＿＿)友在报摊(＿＿)上(＿＿)
　　　　　　　35　　　　　　36　　　37

买报纸。面(＿＿)对朋(＿＿)友礼貌地说声(＿＿)
　　　38　　　　39　　　　　　　　40

谢谢,报贩(＿＿)却冷(＿＿)冰(＿＿)冰(＿＿)地不说话。作家问(＿＿):"他的
　　　　　41　　　　42　　　　43　　　　44　　　　　　　　　　45
态度很(＿＿)差,是不是?"朋(＿＿)友说:"他每天(＿＿)晚(＿＿)上(＿＿)都
　　　46　　　　　　　　　47　　　　　　　　48　　　　49　　　　50
是这样(＿＿)。""那你为什(＿＿)么还对他那么客气?"朋(＿＿)友说:"为
　　　51　　　　　　　　52　　　　　　　　　　　　53
什(＿＿)么我要让(＿＿)他决定(＿＿)我的行(＿＿)为?"
　54　　　　　　　55　　　　　　56　　　　　　57

　　　一个成(＿＿)熟的人(＿＿)握住自己快乐的钥匙,他不期待别人(＿＿)使
　　　　　　58　　　　　59　　　　　　　　　　　　　　　　　　　　60
他快乐,反(＿＿)而能(＿＿)把快乐与幸(＿＿)福带给别人(＿＿)。
　　　　　61　　　　62　　　　　　　　63　　　　　　　64

3. 请边听边在短文的汉字上方标出声调,然后跟读。

掌握自己的快乐

　　每人心中都有把"快乐的钥匙",但我们却常在不知不觉中把它交给别人掌管。

　　一位女士抱怨道:"我活得很不快乐,因为先生常出差不在家。"她把快乐的钥匙放在先生手里。一位妈妈说:"我的孩子不听话,叫我很生气!"她把钥匙交在孩子手中。一个男人说:"上司不赏识我,所以我情绪低落!"这把快乐的钥匙被塞在老板手里。这些人都做了相同的决定,就是让别人来控制自己。

　　一位作家和朋友在报摊上买报纸。面对朋友礼貌地说声谢谢,报贩却冷冰冰地不说话。作家问:"他的态度很差,是不是?"朋友说:"他每天晚上都是这样。""那你为什么还对他那么客气?"朋友说:"为什么我要让他决定我的行为?"

　　一个成熟的人握住自己快乐的钥匙,他不期待别人使他快乐,反而能把快乐与幸福带给别人。

第八课　鼻韵母分辨

生词语　New Words

不知不觉	bù zhī bù jué		unconsciously	知らず知らずに 자기도 모르는 사이에
掌管	zhǎngguǎn	(动)	be in charge of	管理する 관리하다
上司	shàngsi	(名)	superior	目上の人 상급자
赏识	shǎngshí	(动)	recognize the worth of, appreciate	いいところのを買う 가치를 알아주다
情绪	qíngxù	(名)	mood	気分 기분
低落	dīluò	(形)	low	落ちこんでいる (기분이) 나쁘다
控制	kòngzhì	(动)	control	コントロール 통제하다, 규제하다
报贩	bàofàn	(名)	newspaper hawker	新聞売り 신문팔이

课后自测题
After Class Self-test Exercises

一、请边听边在括号里写出双音词的鼻韵母 Please listen and write down the nasal finals of the disyllabic words in the brackets

1. 感人（　　　）　　2. 今年（　　　）　　3. 存款（　　　）
4. 军权（　　　）　　5. 生长（　　　）　　6. 评奖（　　　）
7. 慌忙（　　　）　　8. 冷淡（　　　）　　9. 轮换（　　　）
10. 信件（　　　）　 11. 担心（　　　）　 12. 更新（　　　）
13. 平等（　　　）　 14. 冬天（　　　）　 15. 群众（　　　）
16. 广场（　　　）　 17. 明显（　　　）　 18. 垄断（　　　）
19. 慌乱（　　　）　 20. 训练（　　　）　 21. 兄长（　　　）

二、请边听边在括号里写出成语的声调 Please listen and write down the tones of the Chinese idioms in the brackets

1. 爱憎分明（　　　　　）　　2. 分门别类（　　　　　）
3. 点石成金（　　　　　）　　4. 冰天雪地（　　　　　）
5. 乱七八糟（　　　　　）　　6. 浑身是胆（　　　　　）
7. 全心全意（　　　　　）　　8. 确凿不移（　　　　　）
9. 旁征博引（　　　　　）　 10. 冷若冰霜（　　　　　）

第九课　轻声和"啊"的音变分辨
Lesson Nine　Differentiation of Neutral Tone and Changes in the Pronunciation of "啊"

一、轻声分辨
Differentiation of Neutral Tone

读音分辨
Differentiation of Pronunciation

汉语的轻声,要比单念或不轻读时短很多。外国学生发轻声时常常出现这两种情况:(一)为了突出轻声的特点"短",而把声音收住,使人听起来很不自然,好像突然断了。(二)把轻声的调型读成下面两种:或随前字音来读,如把"shuō ba(说吧)"读成"shuō bā(说八)",把"yǐzi(椅子)"读成"yǐzǐ(椅紫)";或把所有的轻声都读成第四声,如把"shìshi(试试)"读成"shìshì(逝世)"。轻声如果读得不好,会跟汉语的轻音(与重音相对)混淆起来。轻声与轻音对比如下:

类型	位　置	例　词	说　明
轻声	一定在后	dōngxi(东西)	失去声调。有时有区别词义的作用。如 dōngxi(指物品)、dōngxī(指方向)
轻音	可在前	sànbù(散步)	位置不同的轻音,只有表义重点不同的区别,没有语法结构和语义的区别。
	可在后	sànbù(散步)	

读作轻声的字,原来的声调已失去,要读成降调。下降的幅度取决于前字声调的音高。下面是轻声调值表:

轻声的种类	轻声的调值	例　词
第一声+轻声 ↘	˧˨	xiānsheng（先生）　gūniang（姑娘）
第二声+轻声 ↘	˧˧	péngyou（朋友）　késou（咳嗽）
第三声+轻声 ↘	˩	jiějie（姐姐）　nuǎnhuo（暖和）
第四声+轻声 ↘	˩	mùtou（木头）　dòufu（豆腐）

分辨训练
Differentiation Training

轻声的读音分辨

1. 第一声后的轻声读音

请跟读：

bāzhang　（巴掌）　　bāofu　　（包袱）　　chāishi　（差事）
zhuōzi　　（桌子）　　chuānghu（窗户）　　cāngying（苍蝇）

2. 第二声后的轻声读音

请跟读：

báijing　（白净）　　bízi　　（鼻子）　　máfan　（麻烦）
mógu　　（蘑菇）　　hétao　（核桃）　　huópo　（活泼）

3. 第三声后的轻声读音

请跟读：

běnshi　（本事）　　dǎsuan　（打算）　　ěrduo　（耳朵）
huǒhou　（火候）　　guǒzi　　（果子）　　kǒudai　（口袋）

4. 第四声后的轻声读音

请跟读：

kùnnan　（困难）　　jùzi　　　（句子）　　lìqi　　（力气）
màozi　　（帽子）　　piàoliang（漂亮）　　shìqing（事情）

5. 听后选音节

（1）A. liànxí　　　B. liànxi　　　（2）A. sūnzǐ　　　B. sūnzi
（3）A. bàogào　　B. bàogao　　（4）A. héjì　　　B. héji
（5）A. dàyì　　　B. dàyi　　　　（6）A. liánzǐ　　B. liánzi
（7）A. dìdào　　　B. dìdao　　　（8）A. bǎshǒu　B. bǎshou
（9）A. xiōngdì　　B. xiōngdi　　（10）A. bàochóu　B. bàochou
（11）A. guònián　B. guònian　　（12）A. bāohán　B. bāohan
（13）A. dōngxī　　B. dōngxi　　（14）A. guānghuá　B. guānghua
（15）A. bāobiǎn　B. bāobian

二、"啊"的音变分辨
Differentiation of Changes in Pronunciation of "啊"

读音分辨
Differentiation of Pronunciation

许多外国学生不知道汉语句子末尾的语气词"啊"有音变现象，在读句子或文章时，都是按汉字的读音来读，如把"nga"（啊）读成"ā"，把应该读成"na"的汉字"哪"，也读成"nǎ"，让人听起来很别扭。

在汉语的语流中，句末的"啊"因受到前一字韵母或韵尾的影响，会发生变音现象。变音规律如下表：

	"啊"前一字的韵母和韵尾	变音后"啊"的读音	"啊"原来的读音
1	a、ia、ua、o、uo、e、ie、üe i、ai、uai、ei、uei、ü	ya(呀)	a(啊)
2	u、ou、iou、ao、iao	wa(哇)	a(啊)
3	an、ian、uan、üan、en、in、uen、ün	na(哪)	a(啊)
4	ang、iang、uang、eng、ing、ueng、ong、iong	nga(啊)	a(啊)

续表

| 5 | -i[ɿ] | [z]a(啊) | a(啊) |
| 6 | -i[ʅ]、er、-r（儿化音） | ra(啊) | a(啊) |

分辨训练
Differentiation Training

"a(啊)"的读音分辨

1. "a（啊）"读成 ya(呀)

请跟读：

a

Nǐ lā ya!　　　　　　　你拉呀！

ia

Nǐ cái huí jiā ya!　　　　你才回家呀！

ua

Nǐ yǒu shénme huà ya!　　你有什么话呀！

o

Tā shì nǐ dàbó ya!　　　　他是你大伯呀！

uo

Kuài kāi mén, shì wǒ ya!　　快开门,是我呀！

e

Kuài lái hē ya!　　　　　　快来喝呀！

ie

Zhè shì shuí de xié ya!　　这是谁的鞋呀！

üe

Hǎo dà de xuě ya!　　　　好大的雪呀！

第九课 轻声和"啊"的音变分辨

i
Nǐ kě qiānwàn zhùyì ya!　　　你可千万注意呀!

ai
Nǐ kuài lái cāi ya!　　　你快来猜呀!

uai
Nǐ kě bié jiànguài ya!　　　你可别见怪呀!

ei
Zhè zhī mǔjī duō féi ya!　　　这只母鸡多肥呀!

uei
Nǐ shì shuí ya!　　　你是谁呀!

ü
Nǐ kuài qù ya!　　　你快去呀!

2. "a（啊）"读成 wa(哇)

请跟读：

u
Nǐ bú huì tiàowǔ wa!　　　你不会跳舞哇!

ou
Zhèxiē gòu bu gòu wa!　　　这些够不够哇!

iou
Nà shì shénme jiǔ wa!　　　那是什么酒哇!

ao
Jīn wǎn duō rènao wa!　　　今晚多热闹哇!

iao
Nǐ hái xiǎng yào wa!　　　你还想要哇!

3. "a（啊）"读成 na(哪)

请跟读：

an
Kuài kàn na!　　　快看哪!

ian
Zhèr zhēn wēixiǎn na!　　　这儿真危险哪!

115

uan
Nǐ lái huàn na! 你来换哪!

üan
Nǐ kuài xuǎn na! 你快选哪!

en
Tā shì nǐ shénme rén na! 他是你什么人哪!

in
Zhè shì wǒ de yí piàn xīn na! 这是我的一片心哪!

uen
Nǐ dǎ de zhēn zhǔn na! 你打得真准哪!

ün
Zhèxiē dōngxi zěnme yùn na! 这些东西怎么运哪!

4. "a（啊）"读成 nga（啊）
请跟读：

ang
Nǐ bié rǎng nga! 你别嚷啊!

iang
Nǐ zài xiǎng yi xiǎng nga! 你再想一想啊!

uang
Qiānwàn bié huāng nga! 千万别慌啊!

eng
Jīntiān zhēn lěng nga! 今天真冷啊!

ing
Zhèr zhēn jìng nga! 这儿真静啊!

ueng
Wǒmen dōu shì zhèr de zhǔrénwēng nga! 我们都是这儿的主人翁啊!

ong
Nǐ de diànhuà zěnme dǎ bù tōng nga? 你的电话怎么打不通啊？

iong
Nǐ hái yòng bu yòng nga? 你还用不用啊？

第九课　轻声和"啊"的音变分辨

5. "a（啊）"读成[z]a（啊）

请跟读：

-i[ɿ]

Zhè shì dì-yī cì [z]a!　　　　　　　　这是第一次啊！

6. "a（啊）"读成 ra（啊）

请跟读：

-i[ʅ]

Nǐ kuài chī ra!　　　　　　　　你快吃啊！

er

Zhè shì wǒ ér ra!　　　　　　　　这是我儿啊！

-r（儿化音）

Zhè shì shénme huār ra?　　　　　　　　这是什么花儿啊？

7. 听后写出"啊"的读音

（1）Nǐ shì shuí_____？

（2）Tiān zhēn lěng_____！

（3）Nǐ zuò de bú duì_____！

（4）Diànhuà dǎ bù tōng_____！

（5）Nǐ kuǎi tiào_____？

（6）Wǒ zhè shì dì-yī cì_____！

（7）Zhè shì báijiǔ_____！

（8）Nǐ xiǎng yào_____？

（9）Zhème yuǎn_____！

（10）Nǐ bié wàng_____！

（11）Nǐ shuō de jiù shì zhè jiàn shì_____！

（12）Zhè shì hóng huār_____！

综合练习
Comprehensive Exercises

一、听写音节 Dictation of the Syllables

1. 孩子（　　　　）
2. 值得（　　　　）
3. 窗户（　　　　）
4. 大夫（　　　　）
5. 眼睛（　　　　）
6. 姑娘（　　　　）
7. 聪明（　　　　）
8. 暖和（　　　　）

1. 是孩子啊！（　　　　　　）
2. 是这个地方啊！（　　　　）
3. 她真和气呀！（　　　　　）
4. 你喝呀！（　　　　　　　）
5. 这是眼镜啊！（　　　　　）
6. 多么漂亮啊！（　　　　　）
7. 真热闹哇！（　　　　　　）
8. 不认识啊！（　　　　　　）

二、谜语和古诗 Riddles and Ancient Poems

(一) 谜语

1. 请边听边给谜语的拼音标出声调，注意画横线音节的读音。

　　　　Xiongdi qi-ba ge ya,
　　　　Weizhe zhuzi zuo ya,
　　　　Ba shou yi songkai ya,
　　　　Yifu dou chepo ya.　　　　（dǎ yí wù）

　　汉字：兄弟七八个呀，
　　　　　围着柱子坐呀，
　　　　　把手一松开呀，
　　　　　衣服都扯破呀。　　　　（打一物）

2. 下面哪个选项是谜底？
　　A. 西红柿(xīhóngshì)　　B. 大蒜(dàsuàn)　　C. 土豆(tǔdòu)

（二）古诗：《江上渔者》 *The Fisherman on the Stream*

1. 请边听边给古诗的拼音标出声调，然后跟读，注意画横线轻声音节的读音。

Jiang shang yu zhe (Fan Zhongyan)

Jiang shang wang lai ren,

Dan ai lu yu mei.

Jun kan yi ye zhou,

Chu mo feng bo li.

2. 请看着汉字读古诗，注意声调。

江上渔者（范仲淹）

江上往来人，	江上来来往往的行人，
但爱鲈鱼美。	只知道鲈鱼的味道鲜美好吃。
君看一叶舟，	可您看一叶小小的渔船，
出没风波里。	颠簸在风浪里，时隐时现，多么辛苦。

三、短文 Short Articles

（一）《妞妞的星期天》 *Niuniu's Sunday*

1. 请边听边给短文句子的拼音标出声调，然后跟读。

(1) Yi ge zhoumo de zaoshang, Niuniu qile ge da zao. Ta dakai chuanghu, huxi xinxian kongqi.

一个周日的早上，妞妞起了个大早。她打开窗户，呼吸新鲜空气。

(2) Ta chuanshang yifu, zhaozhe jingzi, shuhao bianzi, ranhou dakai fangmen, paochu men qu. Zai yuanzi li, ta paopao bu, tiaotiao sheng, huodong huodong jingu.

她穿上衣服，照着镜子，梳好辫子，然后打开房门，跑出门去。在院子里,她跑跑步,跳跳绳,活动活动筋骨。

(3) Niuniu chuanshang qunzi, daishang maozi, suoshang jiamen, genzhe pengyou, qule gongyuan.
妞妞穿上裙子,戴上帽子,锁上家门,跟着朋友,去了公园。

(4) Gongyuan li kaimanle ge zhong huar: you mudan, you meigui, you yueji, you shaoyao.
公园里开满了各种花儿:有牡丹,有玫瑰,有月季,有芍药。

(5) Zai gongyuan, tamen papa shan, huahua chuan, tiaotiao wu, zhuozhuo micang, wanrle zhengzheng yi tian, cai huidaole jia.
在公园,她们爬爬山,划划船,跳跳舞,捉捉迷藏,玩儿了整整一天,才回到了家。

(6) Niuniu shangle chuang, gaishang beizi, heshang yanjing, jinrule mengxiang.
妞妞上了床,盖上被子,合上眼睛,进入了梦乡。

(7) Niuniu de zhe yi tian, you kuaihuo, you youqu.
妞妞的这一天,又快活,又有趣。

2. 请边听边在短文的汉字上方标出声调,然后跟读,注意画横线汉字轻声音节的读音。

妞妞的星期天
(niu)(de)

一个周日的早上,妞妞起了个大早。她打开窗户,呼吸新鲜空气。她穿上衣
　(ge)　　(de)(shang)(niu) (le)(ge)　　　　　　　　(hu)

服,照着镜子,梳好辫子,然后打开房门,跑出门去。在院子里,她跑跑步,跳跳
(fu) (zhe) (zi)　　　(zi)　　　　　　　　(qu)　　　(li)　(po)　(tiao)

第九课 轻声和"啊"的音变分辨

绳,活动活动筋骨。

  妞妞吃了馒头,穿上裙子,戴上帽子,
  (niu)(le) (tou) (zi)   (zi)

锁上家门,跟着朋友,去了公园。公园里开
    (zhe) (le)   (li)

满了各种花儿:有牡丹,有玫瑰,有月季,
(le)   (dan) (gui)

有芍药;有红的,有黄的,有蓝的,有白的,漂亮极了。在公园,她们爬爬山,划划
 (yao) (de) (de) (de) (de)   (le)   (men)(pa) (hua)

船,跳跳舞,捉捉迷藏,玩儿了整整一天,才回到了家。
  (tiao) (zhuo)   (le)   (le)

吃了晚饭,看了电视,洗了个澡,妞妞上了床,盖上被子,合上眼睛,进入了
(le)   (le)   (le)(ge) (niu) (le)   (zi)   (jing) (le)

梦乡。

  妞妞的这一天,又快活又有趣。
  (niu)(de)   (huo)

生词语 New Words

窗户	chuānghu	(名)	window	窓 창문
呼吸	hūxī	(动)	breathe	呼吸 호흡하다
新鲜	xīnxiān	(形)	fresh	新鮮な 신선하다
穿	chuān	(动)	put on(clothes), wear	着る (옷을)입다
镜子	jìngzi	(名)	mirror	鏡 거울

梳	shū	（动）	comb (hair)	（たげや髪の毛を）とく (머리를) 빗다
辫子	biànzi	（名）	braid	おさげ 땋은 머리, 변발
跳绳	tiàoshéng	（动）	jump rope	縄跳び 줄넘기하다
筋骨	jīngǔ	（名）	bones and muscles	筋骨 근육과 뼈
裙子	qúnzi	（名）	skirt	スカート 치마
帽子	màozi	（名）	cap	帽子 모자
锁	suǒ	（动）	lock (up)	（錠を）かける 잠그다
牡丹	mǔdan	（名）	peony	牡丹 모란
玫瑰	méigui	（名）	rose	バラ 장미
芍药	sháoyao	（名）	flower of Chinese herbaceous peony	しゃくやく 작약
划船	huáchuán	（动）	paddle a boat, row	船を漕ぐ 배를 젓다
跳舞	tiàowǔ	（动）	dance	踊る 춤추다
捉迷藏	zhuō mícáng		play hide-and-seek	隠れん坊をする 숨바꼭질하다
盖	gài	（动）	cover	（フトンを）かける 덮다
合	hé	（动）	close, shut	閉じる 닫다
梦乡	mèngxiāng	（名）	dreamland	夢の世界 꿈나라

第九课　轻声和"啊"的音变分辨

 **Proper Nouns**

| 妞妞 | Niūniu | name of a girl | 妞ちゃん |
| | | | 여자애의 이름 |

（二）《骆驼祥子》（片段）　*Xiangzi the "Camel"* (Passage)

1. 请边听边给下面短文句子的拼音标出声调，然后跟读。

(1) Shi ta ke'ai de shi lian shang de jingshen. Tou bu hen da, yuan yan, roubizi, liang tiao mei hen duan hen cu, tou shang yongyuan ti de fa liang.
使他可爱的是脸上的精神。头不很大，圆眼，肉鼻子，两条眉很短很粗，头上永远剃得发亮。

(2) Sai shang meiyou duoyu de rou, bozi ke shi jihu yu tou yibianr cu.
腮上没有多余的肉，脖子可是几乎与头一边儿粗。

(3) Tebie liang de shi quangu yu you'er zhijian yi kuai bu xiao de ba——xiao shihou, zai shu xia shuijiao, bei lü kenle yi kou.
特别亮的是颧骨与右耳之间一块不小的疤——小时候，在树下睡觉，被驴啃了一口。

(4) Ta bu shen zhuyi ta de muyang.
他不甚注意他的模样。

(5) Dao cheng li yihou, ta hai neng tou chaoxia, daozhe li bantian. Zheyang lizhe, ta juede, ta jiu hen xiang yi ke shu, shang-xia meiyou yi ge difang bu tingtuo de.
到城里以后，他还能头朝下，倒着立半天。这样立着，他觉得，他就很像一棵树，上下没有一个地方不挺脱的。

2. 请边听边在下面画横线汉字右边的括号里写出轻声音节。

骆驼祥子(片段)

老 舍

他没有什么(＿＿)模样,使他可爱的是脸上
　　　　　　　1
(＿＿)的(＿＿)精神(＿＿)。头不很大,圆眼,肉
 2　　　 3　　　　　4
鼻子(＿＿),两条眉很短很粗,头上(＿＿)永远
　　 5　　　　　　　　　　　　　6
剃得(＿＿)发亮。腮上(＿＿)没有多余的(＿＿)
　　 7　　　　　　 8　　　　　　　　　 9
肉,脖子(＿＿)可是几乎与头一边儿粗;脸上(＿＿)永远红扑扑的(＿＿),特别
　　　10　　　　　　　　　　　　　　　　11　　　　　　　　　12
亮的(＿＿)是颧骨与右耳之间一块不小的(＿＿)疤——小时候(＿＿),在树
　　 13　　　　　　　　　　　　　　　 14　　　　　　 15
下(＿＿)睡觉,被驴啃了(＿＿)一口。他不甚注意他的(＿＿)模样,他爱自己的
 16　　　　　　　　 17　　　　　　　　　　　　18
(＿＿)脸正如同他爱自己的(＿＿)身体,都那么(＿＿)结实(＿＿)硬棒(＿＿);
 19　　　　　　　　　　　 20　　　　　　 21　　　　　22　　　　 23
他把脸仿佛算在四肢内,只要硬棒(＿＿)就好。是的(＿＿),到城里(＿＿)以后,
　　　　　　　　　　　　　　　 24　　　　　 25　　　　 26
他还能头朝下,倒着(＿＿)立半天。这样立着(＿＿),他觉得(＿＿),他就很像
　　　　　　　　 27　　　　　　　　　 28　　　　 29
一棵树,上下没有一个(＿＿)地方(＿＿)不挺脱的(＿＿)。
　　　　　　　　　 30　　　 31　　　　　　 32

3. 请边听边在短文的汉字上方标出声调,然后跟读。

骆驼祥子(片段)

老 舍

他没有什么模样,使他可爱的是脸上的精神。头不很大,圆眼,肉鼻子,两条眉很短很粗,头上永远剃得发亮。腮上没有多余的肉,脖子可是几乎与头一边儿粗;脸上永远红扑扑的,特别亮的是颧骨与右耳之间一块不小的疤——小时候,在树下睡觉,被驴啃了一口。他不甚注意他的模样,他爱自己的脸正如同他爱自己的身体,都那么结实硬棒;他把脸仿佛算在四肢内,只要硬棒就好。是的,到城里以后,他还能头朝下,倒着立半天。这样立着,他觉得,他就很像一棵树,上下没有一个地方不挺脱的。

生词语　New Words

模样	múyàng	（名）	look, appearance	模様 모양
脸	liǎn	（名）	face	顔 얼굴
精神	jīngshen	（名）	Vigour, vitality	生気，元気 활기
肉鼻子	ròubízi	（名）	plump nose	肉の厚い鼻 주먹코
眉	méi	（名）	eyebrow	まゆ 눈썹
短	duǎn	（形）	short	短い 짧다
粗	cū	（形）	bushy	太い 굵다
永远	yǒngyuǎn	（副）	forever	永遠に 영원히
剃	tì	（动）	shave	剃る 깎다
亮	liàng	（形）	bright	光る 밝다

腮	sāi	（名）	cheek	頬 뺨
脖子	bózi	（名）	neck	首 목
一边儿	yìbiānr	（形）	same as	同じ 같다
红扑扑	hóngpūpū	（形）	flushed	赤ら顔（で元気いっぱい） 얼굴에 홍조를 띠는 모양
颧骨	quángǔ	（名）	cheekbone	ほお骨 광대뼈
疤	bā	（名）	scar	傷のあと 흉터
驴	lú	（名）	donkey	ロバ 당나귀
啃	kěn	（动）	gnaw	かじる 갉아먹다, 쏠다
硬棒	yìngbang	（形）	hale and hearty	丈夫な 튼튼하다
四肢	sìzhī	（名）	face down	四肢 사지, 팔다리
朝	cháo	（动）	face down	〜に向かって 〜을 향하다
立	lì	（动）	stand	立つ 서다
挺脱	tǐngtuō	（形）	vigorous, strong	力強い 건장하다

第九课　轻声和"啊"的音变分辨

课后自测题
After Class Self-test Exercises

一、请边听边在括号里写出双音词的轻声音节 Please listen and write down the syllables of the neutral tone in the disyllabic words in the brackets

1. 朋友（　　）　　2. 地道（　　）　　3. 过年（　　）
4. 东西（　　）　　5. 报酬（　　）　　6. 窗户（　　）
7. 打扮（　　）　　8. 大夫（　　）　　9. 告诉（　　）
10. 姑娘（　　）　　11. 打听（　　）　　12. 耳朵（　　）
13. 故事（　　）　　14. 困难（　　）　　15. 光滑（　　）
16. 合计（　　）　　17. 精神（　　）　　18. 本事（　　）
19. 大方（　　）　　20. 聪明（　　）　　21. 豆腐（　　）

二、请边听边在括号里写出"啊"音变的音节 Please listen and write down the syllables with changes in the pronunciation of "啊" in the brackets

1. 电话打不通啊（　　）!　　2. 你要好好儿想想啊（　　）!
3. 多大的雪呀（　　）!　　4. 一定要多加小心哪（　　）!
5. 这就是中药哇（　　）!　　6. 你快看哪（　　）!
7. 饭菜都凉了，快吃啊（　　）!　　8. 今天可真冷啊（　　）!
9. 你不认识这个字啊（　　）?　　10. 这是第一次啊（　　）!

第十课　儿化分辨
Lesson Ten　Differentiation of r-Ending Retroflexion

读音分辨
Differentiation of Pronunciation

大多数外国学生发汉语的儿化音并不困难,但有的学生受母语的影响,在发音时过于卷舌。另外,韵尾是 -ng[ŋ]这类字的儿化,有些国家的学生(例如印度学生)很难掌握,主要是因为他们不会发鼻化音。有关鼻化音的发音"基础篇"中已讲过,这里就不再重复了。

汉语有 18 个儿化韵母,可以同化为 7 个儿化韵,外国学生不容易分辨。儿化韵同化规律如下表:

	18 个读音不同的韵母	儿化后同化为 7 个儿化韵
1	a、ai、an	ar
2	ia、ian	iar
3	ua、uai、uan	uar
4	ei、en、-i [ɿ]、-i [ʅ]	er
5	i、in	ier
6	uei、uen	uer
7	ü、ün	üer

分辨训练
Differentiation Training

儿化的读音分辨

1. 同化为 ar 的读音分辨
请跟读：

a	hàomǎr	（号码儿）	xìfǎr	（戏法儿）
ai	qīngtāir	（青苔儿）	guōgàir	（锅盖儿）
an	míngdānr	（名单儿）	suànbànr	（蒜瓣儿）

2. 同化为 iar 的读音分辨
请跟读：

ia	dòuyár	（豆芽儿）	mùxiár	（木匣儿）
ian	liáotiānr	（聊天儿）	xīnyǎnr	（心眼儿）

3. 同化为 uar 的读音分辨
请跟读：

ua	niánhuàr	（年画儿）	nǎoguār	（脑瓜儿）
uai	yíkuàir	（一块儿）	guāiguāir	（乖乖儿）
uan	hǎowánr	（好玩儿）	cháguǎnr	（茶馆儿）

4. 同化为 er 的读音分辨
请跟读：

ei	dāobèir	（刀背儿）	bǎobèir	（宝贝儿）
en	xìnrénr	（杏仁儿）	qiàoménr	（窍门儿）
-i[ɿ]	guāzǐr	（瓜子儿）	yúcìr	（鱼刺儿）
-i[ʅ]	shùzhīr	（树枝儿）	jùchǐr	（锯齿儿）

5. 同化为 ier 的读音分辨

请跟读：

| i | xiǎomǐr | （小米儿） | fànlìr | （饭粒儿） |
| in | gànjìnr | （干劲儿） | kǒuxìnr | （口信儿） |

6. 同化为 uer 的读音分辨

请跟读：

| uei | ěrchuír | （耳垂儿） | mòshuǐr | （墨水儿） |
| uen | fēilúnr | （飞轮儿） | méizhǔnr | （没准儿） |

7. 同化为 üer 的读音分辨

请跟读：

| ü | máolǘr | （毛驴儿） | xiǎoqǔr | （小曲儿） |
| ün | huāqúnr | （花裙儿） | héqúnr | （合群儿） |

8. 听后选音节

（1）A. guōgài　　B. guōgàir　　（2）A. pǎodiàor　　B. pǎodiào

（3）A. xiàohua　　B. xiàohuar　　（4）A. huǒduīr　　B. huǒduī

（5）A. bǎobèir　　B. bǎobèi　　（6）A. báimiàn　　B. báimiànr

（7）A. běnjiā　　B. běnjiār　　（8）A. pòlànr　　B. pòlàn

（9）A. yúcì　　B. yúcìr　　（10）A. sòng xìn　　B. sòng xìnr

（11）A. chǎngkāir　　B. chǎngkāi　　（12）A. zhēnyǎn　　B. zhēnyǎnr

（13）A. yìdiǎn　　B. yìdiǎnr　　（14）A. yìbāng　　B. yìbāngr

（15）A. diàobāo　　B. diàobāor　　（16）A. bǐjiān　　B. bǐjiānr

（17）A. yǒu kòngr　　B. yǒu kòng　　（18）A. báitù　　B. báitùr

综合练习
Comprehensive Exercises

一、听写音节 Dictation of the Syllables

1. 号码儿（　　　　）　2. 一点儿（　　　　）
3. 小孩儿（　　　　）　4. 小雨儿（　　　　）
5. 山歌儿（　　　　）　6. 电影儿（　　　　）
7. 打球儿（　　　　）　8. 一下儿（　　　　）
9. 熊猫儿（　　　　）　10. 聊天儿（　　　　）
11. 小米儿（　　　　）　12. 玩意儿（　　　　）
13. 一块儿（　　　　）　14. 茶馆儿（　　　　）
15. 好玩儿（　　　　）　16. 有门儿（　　　　）
17. 一阵儿（　　　　）　18. 一会儿（　　　　）
19. 有趣儿（　　　　）　20. 眼镜儿（　　　　）

二、谜语和诗歌 Riddles and Poems

（一）谜语

1. 请边听边给谜语的拼音标出声调，注意画横线音节的读音。

Yi duo hong <u>huar</u> tou shang dai,

Yi jian jin<u>paor</u> shen shang gai,

Yi dao tian liang ba <u>ger</u> chang,

Yi chang qian men wan hu kai.　　　（dǎ yí dòngwù）

汉字：一朵红花儿头上戴，
　　　一件锦袍儿身上盖，
　　　一到天亮把歌儿唱，
　　　一唱千门万户开。　　　　　　（打一动物）

2. 下面哪个选项是谜底？

　　A. 猴儿(hóur)　　B. 麻雀(máquè)　　C. 公鸡(gōngjī)

(二) 诗歌：《寻春》　Seeking Spring

1. 请边听边给诗歌的拼音标出声调，然后跟读，注意画横线儿化音节的读音。

Xun chun

Chun zai nar? Dao nar qu xunzhao chuntian?

Bu zai yingfeng piaodang de liuzhir jian,

Bu zai ganggang jiedong de xiaoxi bianr;

Bu zai fanqing de maimiaor tianjian,

Geng bu zai chengshi de da huayuan.

Kan na!　Chuntian zai nar:

Zai gongren de shou zhong,

Zai nongmin de jiao xia,

Zai yundongyuan de shen shang,

Zai zhishi fenzi de xintian...

2. 请看着汉字读诗歌，注意声调。

寻　春

春在哪儿？到哪儿去寻找春天？
不在迎风飘荡的柳枝儿间，
不在刚刚解冻的小溪边儿；
不在返青的麦苗儿田间，
更不在城市的大花园。
看哪！春天在那儿：
在工人的手中，
在农民的脚下，
在运动员的身上，
在知识分子的心田……

三、短文　Short Articles

（一）《小田儿和小乐儿》　*Xiaotianr and Xiaoler*

1. 请边听边给短文句子的拼音标出声调，然后跟读。

（1）Xiaotianr he Xiaoler, yikuair shang dongwuyuanr.
小田儿和小乐儿，一块儿上动物园儿。

（2）Nar de dongwu ke zhen duo: you xiaotur, you xiaomar, you xiaohour, you xiaoniaor, hai you huopo de xiaoxiongmaor.
那儿的动物可真多：有小兔儿，有小马儿，有小猴儿，有小鸟儿，还有活泼的小熊猫儿。

（3）Kankan zher, qiaoqiao nar, zhangle zhishi kaile yan.
看看这儿，瞧瞧那儿，长了知识开了眼。

（4）Fanzhuor shang baizhe haoduo cai: huangguasir、tudoutiaor、chaodoujiaor、liuroupianr、banliangpir、zhajikuair.
饭桌儿上摆着好多菜：黄瓜丝儿、土豆条儿、炒豆角儿、熘肉片儿、拌凉皮儿、炸鸡块儿。

(5) Buguan san qi ershiyi, Xiaotianr he Xiaoler duanqi miantiaor-wan, yihuir quan chiwan.

不管三七二十一,小田儿和小乐儿端起面条儿碗,一会儿全吃完。

2. 请边听边在短文的汉字上方标出声调,然后跟读,注意画横线汉字儿化音节的读音。

小田儿和小乐儿
(tianr)　　(ler)

小田儿和小乐儿,一块儿上动物园儿。那儿的动物可真多:有小兔儿,有小
(tianr)　(ler)　(kuair)　　(yuanr)　(nar)　　　　　　　　(tur)

马儿,有小猴儿,有小鸟儿,还有活泼的小熊猫儿。小田儿和小乐儿,看看这儿,
(mar)　　(hour)　　(niaor)　　　　　(maor)　　(tianr)　(ler)　(zher)

瞧瞧那儿,长了知识开了眼。
　　(nar)

回到家,吃晚饭,饭桌儿上摆着好多菜:
　　　　　　(zhuor)

黄瓜丝儿、土豆条儿、炒豆角儿、熘肉片儿、
　　(sir)　　(tiaor)　　(jiaor)　　(pianr)

拌凉皮儿、炸鸡块儿。不管三七二十一,小
　　(pir)　　(kuair)

田儿和小乐儿端起面条儿碗,一会儿全吃完。
(tianr)　(ler)　　　(tiaor)　　(huir)

早点儿睡,早点儿起,明天还要上学去。
　(dianr)　　(dianr)

第十课 儿化分辨

 生词语 New Words

小兔儿	xiǎotùr	(名)	little rabbit	兎 토끼
小猴儿	xiǎohóur	(名)	little monkey	猿 원숭이
小熊猫儿	xiǎoxióngmāor	(名)	little panda	パンダ 팬더
瞧	qiáo	(动)	look	見る 보다
摆	bǎi	(动)	put, arrange	並べる 벌여놓다
黄瓜丝儿	huángguāsīr	(名)	cucumber cut into shreds	きゅうりのせんぎり 실같이 가느다랗게 썬 오이
土豆条儿	tǔdòutiáor	(名)	potato cut into strips	ジャガイモの短冊切り 가늘고 길게 썬 감자
炒豆角儿	chǎodòujiǎor	(名)	stir-fried long bean	インゲンの炒め物 볶은 콩꼬투리
熘肉片儿	liūròupiànr	(名)	quick-fried sliced meat	薄切り肉炒めのくずあんかけ 볶은 편육
拌凉皮儿	bànliángpír	(名)	mixed bean jelly	緑豆で作ったところてんの前菜 뒤섞은 찬 음식
炸鸡块儿	zhájīkuàir	(名)	deep-fried chicken	鶏の唐揚げ 튀긴 닭고기

135

端	duān	（动）	carry with both hands	（両手で)持って運ぶ 두 손으로 가지런히 들다
碗	wǎn	（名）	bowl	お碗 그릇

专名 Proper Nouns

小田儿	Xiǎotiánr	name of a boy	田君 사람 이름
小乐儿	Xiǎolèr	name of a boy	楽君 사람 이름

（二）《看朋友》 *Visit a Friend*

1. 请边听边给短文句子的拼音标出声调，然后跟读。

（1）Xingqiliu yi da zaor, Xiaoquanr jiu qu zhao Xiaobaor.
星期六一大早儿，小全儿就去找小宝儿。

（2）Hutongkour you caitanr, ge zhong shucai tongtong you: you xiaocongr, you lajiaor, you luobor, you baicair, renren jianle renren ai.
胡同口儿有菜摊儿，各种蔬菜通通有：有小葱儿，有辣椒儿，有萝卜儿，有白菜儿，人人见了人人爱。

（3）Wang qian zou, mai baihuo: you beixinr, you kouzhaor, you weibor, you shoutaor, zhen tou xian nao quan dou you.
往前走，卖百货：有背心儿，有口罩儿，有围脖儿，有手套儿，针头线脑儿全都有。

(4) Xiao bailir, chang yi kour, pir baor, shuir tian, meiyou yi ge chongzi-yanr. Shuimitaor ger da, xiao hongxinr ger yuan, gege dou ke'ai. 小白梨儿,尝一口儿,皮儿薄儿,水儿甜,没有一个虫子眼儿。水蜜桃儿个儿大,小红杏儿个儿圆,个个都可爱。

2. 请边听边在画横线汉字右边的括号里写出儿化音节。

看朋友

星期六一大早儿(＿＿)，小全儿(＿＿)就去找小宝
                 1   2

儿(＿＿)。小哥儿(＿＿)俩,好朋友,一块儿(＿＿)逛街看朋友。
  3   4   5

胡同口儿(＿＿)有菜摊儿(＿＿),各种蔬菜通通有:有小葱儿(＿＿),有
      6   7   8

辣椒儿(＿＿),有萝卜儿(＿＿),有白菜儿(＿＿),人人见了人人爱。往前走,
  9   10   11

卖百货:有背心儿(＿＿),有口罩儿(＿＿),有围脖儿(＿＿),有手套儿(＿＿),
          12   13   14   15

针头线脑儿(＿＿)全都有。鲜花店在前头儿(＿＿),有红花儿(＿＿),有黄花儿
     16   17   18

(＿＿),有白花儿(＿＿),有紫花儿(＿＿),各种花朵儿(＿＿)样样有。往左拐,
 19   20   21   22

水果店,离这儿(＿＿)一点儿(＿＿)也不远儿(＿＿)。小白梨儿(＿＿),尝一
              23   24   25   26

口儿(＿＿),皮儿(＿＿)薄儿(＿＿),水儿(＿＿)甜,没有一个虫子眼儿(＿＿)。
 27   28   29   30   31

水蜜桃儿(＿＿)个儿(＿＿)大,小红杏儿(＿＿)个儿(＿＿)圆,个个都可爱。
    32   33   34   35

来点儿(＿＿)梨儿(＿＿),买点儿(＿＿)杏儿(＿＿),再来一些小葡萄
    36   37   38   39

儿(＿＿),整整装了一大袋儿(＿＿)。再买一点儿(＿＿)花儿(＿＿),再买一点
 40   41   42   43

儿(＿＿)酒儿(＿＿)。小全儿(＿＿)和小宝儿(＿＿)提着礼物看朋友,朋友爱吃
 44   45   46   47

各种果儿(＿＿),见了一定心喜欢。
     48

3. 请边听边给短文标出声调,然后跟读,注意儿化词的读音。

看朋友

星期六一大早儿,小全儿就去找小宝儿。小哥儿俩,好朋友,一块儿逛街看朋友。

胡同口儿有菜摊儿,各种蔬菜通通有:有小葱儿,有辣椒儿,有萝卜儿,有白菜儿,人人见了人人爱。往前走,卖百货:有背心儿,有口罩儿,有围脖儿,有手套儿,针头线脑儿全都有。鲜花店在前头儿,有红花儿,有黄花儿,有白花儿,有紫花儿,各种花朵儿样样有。往左拐,水果店,离这儿一点儿也不远儿。小白梨儿,尝一口儿,皮儿薄儿,水儿甜,没有一个虫子眼儿。水蜜桃儿个儿大,小红杏儿个儿圆,个个都可爱。

来点儿梨儿,买点儿杏儿,再来一些小葡萄儿,整整装了一大袋儿。再买一点儿花儿,再买一点儿酒儿。小全儿和小宝儿提着礼物看朋友,朋友爱吃各种果儿,见了一定心喜欢。

生词语　New Words

逛街	guàng jiē		stroll around the streets	通りをぶらつく 거리 구경을 하다
胡同	hútòng	(名)	lane, alley	横町 골목
摊儿	tānr	(名)	vendor's stand	露店 노점
蔬菜	shūcài	(名)	vegetables	野菜 야채

第十课　儿化分辨

葱儿	cōngr	（名）	onion	ねぎ 파
辣椒儿	làjiāor	（名）	chilli, hot pepper	とうがらし 고추
萝卜儿	luóbor	（名）	radish	大根 무
百货	bǎihuò	（名）	general merchandise	さまざまな品物 백화
背心儿	bèixīnr	（名）	sleeveless garment	チョッキ 러닝셔츠
口罩儿	kǒuzhàor	（名）	surgical mask (worn over nose and mouth)	マスク 마스크
围脖儿	wéibór	（名）	scarf	マフラー 목도리
手套儿	shǒutào	（名）	gloves	手袋 장갑
针头线脑儿	zhēn tóu xiàn nǎor		sewing needle and thread	針や糸など (바늘실 등의) 재봉용구
紫	zǐ	（形）	purple	むらさき 자주색
花朵儿	huāduǒr	（名）	flower	花 꽃송이
拐	guǎi	（动）	turn	まがる 방향을 바꾸다
梨儿	lír	（名）	pear	梨 배
薄儿	báor	（形）	flimsy	うすい 얇다
甜	tián	（形）	sweet	甘い 달다

虫子	chóngzi	(名)	insect or worm	虫 벌레
蜜桃儿	mìtáor	(名)	mandarin peach	桃 복숭아
杏儿	xìngr	(名)	apricot	あんず 살구
葡萄儿	pútaor	(名)	grape	ぶとう 포도

专名 Proper Nouns

小全儿	Xiǎoquánr	name of a boy	全君 사람 이름
小宝儿	Xiǎobǎor	name of a boy	宝君 사람 이름

课后自测题
After Class Self-test Exercises

一、请边听边在括号里写出儿化词的音节 Please listen and write down the syllables of the words of r-ending retroflexion in the brackets

1. 民歌儿（　　） 2. 小孩儿（　　） 3. 干活儿（　　）
4. 熊猫儿（　　） 5. 好玩儿（　　） 6. 有趣儿（　　）
7. 雨点儿（　　） 8. 一会儿（　　） 9. 药方儿（　　）
10. 药片儿（　　） 11. 圆圈儿（　　） 12. 小鸟儿（　　）
13. 面条儿（　　） 14. 一点儿（　　） 15. 口罩儿（　　）
16. 豆汁儿（　　） 17. 凉皮儿（　　） 18. 肉丝儿（　　）
19. 拐弯儿（　　） 20. 窍门儿（　　） 21. 小虫儿（　　）

第十课　儿化分辨

二、请边听边在句子的每个汉字上方标出声调　Please listen and mark the tones on the top of each Chinese character of the sentences

1. 他一大早儿就去逛胡同儿了。

2. 花园里开满了花儿：有桃花儿，有杏花儿，有梨花儿，好看极了。

3. 小鸟儿在树枝儿上唱歌儿，小鱼儿在水面儿上吐泡儿。

4. 下了班儿，小哥儿俩一块儿去河边儿遛弯儿，他们跟朋友聊了一会儿天儿。

5. 屋里的桌儿上有一瓶儿梅花儿，窗台儿上的花盆儿里种着黄色的菊花儿。

第十一课　散文朗读
Lesson Eleven　Prose Reading

朗读技巧
Reading Techniques

朗读是学习汉语语音的一个重要途径,如果朗读得好,对听者来说是一种艺术享受。朗读需要一定的技巧,主要表现在重音、停顿和句调三个方面。

1. 重音。重音主要表现在词语上,是通过重读某些词语,来表达感情。

2. 停顿。停顿主要表现在意群上,是通过读音在句子前后或中间适当地停一下,来表达文章的意图和感情。

3. 句调。句调主要表现在句尾上,是通过句尾读音的高低升降变化,来表达文章的思想和感情。

要朗读好作品,应该细心地领会作品的中心思想、段意和作者的意愿及思想感情,并掌握好重音、停顿和句调等朗读技巧。

朗读训练
Reading Training

一、《猫和老鼠》 The Cat and the Mouse

1. 请边听边给短文句子的拼音标出声调,然后跟读。

(1) Hen zao hen zao yiqian, mao bing bu chi laoshu.
很早很早以前,猫并不吃老鼠。

第十一课　散文朗读

(2) Dongtian kuai dao le, tamen maile yi tanzi zhuyou zhunbei guo dong chi.
冬天快到了,它们买了一坛子猪油准备过冬吃。

(3) Wo zui chan, buru cangdao yuan yidianr de difang qu, dao dongtian zai qulai chi.
我嘴馋,不如藏到远一点儿的地方去,到冬天再取来吃。

(4) Qu ba, lushang yao xiaoxin gou.
去吧,路上要小心狗。

(5) Laoshu huilai le, duzi chi de gugu de, zuiba youguangguang de.
老鼠回来了,肚子吃得鼓鼓的,嘴巴油光光的。

(6) Laoshu bian daying bian wang wai zou.
老鼠边答应边往外走。

(7) Mao yixiazi quan mingbai le.
猫一下子全明白了。

(8) Houlai laoshu jian mao jiu tao, mao jian laoshu jiu zhua.
后来老鼠见猫就逃,猫见老鼠就抓。

2. 请跟读下面的短文。

猫　和　老鼠

很早很早以前,猫并不吃老鼠。
有一只猫和一只老鼠住到了一起。

Dōngtiān kuài dào le, tāmen mǎile yì tánzi zhūyóu zhǔnbèi guò dōng chī.
冬 天 快 到 了,他们 买了 一 坛子 猪油 准备 过 冬 吃。
Lǎoshǔ shuō: "Zhūyóu fàng zài jiā li, wǒ zuǐ chán, bùrú cángdào yuǎn yìdiǎnr
老 鼠 说:"猪油 放 在 家里,我 嘴 馋,不如 藏到 远 一点儿
de dìfang qù, dào dōngtiān zài qǔlái chī." Māo shuō: "Xíng nga." Tāmen chèn
的 地方 去,到 冬天 再 取来 吃。"猫 说:"行 啊。"它们 趁
tiān hēi, bǎ zhè tánzi zhūyóu sòngdào lí jiā shí lǐ yuǎn de dà miào li cáng
天 黑,把 这 坛子 猪油 送到 离家 十 里 远 的 大 庙 里 藏
qǐlái.
起来。

Yǒu yì tiān, lǎoshǔ tūrán shuō: "Wǒ dàjiě yào shēng háizi, shāo xìn
有 一 天, 老鼠 突然 说:"我 大姐 要 生 孩子, 捎 信
ràng wǒ qù." Māo shuō: "Qù ba, lùshang yào xiǎoxīn gǒu."
让 我 去。"猫 说:"去 吧, 路上 要 小心 狗。"

Tiān kuài hēi shí, lǎoshǔ huílái le, dùzi chī de gǔgǔ de, zuǐba yóu-
天 快 黑 时,老鼠 回来 了,肚子 吃 得 鼓鼓 的, 嘴巴 油
guāngguāng de. Māo wèn: "Nǐ dàjiě shēngle shá ya?" "Shēng ge bái pàng
光 光 的。猫 问:"你大姐 生了 啥 呀?" "生 个 白 胖
xiǎozi." Māo yòu wèn: "Qǐ ge shénme míngzi?" Lǎoshǔ zhuàn yi zhuàn yǎnzhū
小子。"猫 又 问:"起个 什么 名字?"老鼠 转 一 转 眼珠
shuō: "Jiào, jiào Yīcéng."
说:"叫, 叫 一 层。"

Yòu guòle shí lái tiān, lǎoshǔ yòu shuō: "Wǒ èrjiě yòu yào shēng háizi, qǐng
又 过了 十来 天,老鼠 又 说:"我 二姐 又 要 生 孩子, 请
wǒ qù chīfàn." Māo shuō: "Zǎo qù zǎo huí." Lǎoshǔ biān dāying biān wǎng
我 去 吃饭。"猫 说:"早 去 早 回。"老鼠 边 答应 边 往
wài zǒu.
外 走。

Tiān hēi le, lǎoshǔ huílái le, tiǎnzhe dùzi, mǎn zuǐ dōu shì yóu. Māo wèn:
天 黑了,老 鼠 回来 了,腆着 肚子, 满 嘴 都 是 油。猫 问:
"Nǐ èrjiě shēngle shá ya?" "Shēng ge bái pàng yātou." "Qǐ ge shénme
"你二姐 生了 啥 呀?" "生 个 白 胖 丫头。""起个 什么
míngzi?" "Jiào Yíbàn."
名字?" "叫 一半。"

Yòu guòle qī-bā tiān, lǎoshǔ yòu shuō: "Wǒ sānjiě shēng háizi, qǐng wǒ
又 过了 七八 天,老鼠 又 说:"我 三姐 生 孩子, 请 我

第十一课　散文朗读

qù chīfàn." Māo shuō: "Bié huílái wǎn le."
去 吃饭。"　猫 说："别 回来 晚 了。"

　　Tiān dà hēi shí, lǎoshǔ huílái le, yí jìn wū dàilái yì gǔ yóuwèir, duì
　　天 大 黑 时, 老鼠 回来 了, 一 进 屋 带来 一 股 油味儿, 对
māo shuō: "Wǒ sānjiě yě shēngle ge bái pàng xiǎozi, qǐmíng jiào Jiàndǐ."
猫 说："我 三姐 也 生了 个 白 胖 小子, 起名 叫 见底。"

　　Sānjiǔtiān dào le, yìlián xiàle sān-sì tiān de dàxuě. Māo shuō: "Kuài guònián
　　三九天 到 了,一连 下了 三四 天 的 大雪。 猫 说："快 过 年
le, shénme shír yě zhǎo bú dào, míngtiān zán bǎ zhūyóu qǔ huílái ba."
了, 什么 食儿 也 找 不 到, 明天 咱 把 猪油 取 回来 吧。"

　　Dì-èr tiān yìzǎo, lǎoshǔ zǒu zài qiánbian, māo gēn zài hòubian, bèn dà miào
　　第二 天 一早, 老鼠 走 在 前边, 猫 跟 在 后 边, 奔 大 庙
zǒu qù.
走 去。

　　Dàole dà miào li, māo dì-yī yǎn jiù kàndào guòliáng shang mǎn shì lǎoshǔ
　　到了 大 庙 里, 猫 第一 眼 就 看到 过梁 上 满 是 老鼠
de jiǎoyìn, tánzi xiàng bèi kāiguo. Māo jímáng dǎkāi tánzi yí kàn, zhūyóu jiàn dǐ
的 脚印, 坛子 像 被 开过。 猫 急忙 打开 坛子 一看, 猪油 见 底
le. Māo yíxiàzi quán míngbai le, dèngyuán shuāng yǎn dàshēng shuō: "Shì
了。 猫 一下子 全 明白 了, 瞪 圆 双 眼 大声 说："是
nǐ gěi chī jiàn dǐ le?" Lǎoshǔ gāng zhāngkǒu, jiàn māo yǐjīng pū guòlái, jiù zhuǎn-
你 给 吃 见 底 了?" 老鼠 刚 张口, 见 猫 已经 扑 过来, 就 转
shēn tiàoxià dì. Māo jǐn zhuī tā yǎnkàn jiù yào bèi māo zhuīshàng le, yì
身 跳下 地。 猫 紧 追 它, 眼看 就 要 被 猫 追上 了, 一
jíyǎn, lǎoshǔ zuāndào zhuānfèng li qù le.
急眼, 老鼠 钻到 砖缝 里 去 了。

　　Hòulái lǎoshǔ jiàn māo jiù táo, māo jiàn lǎoshǔ jiù zhuā.
　　后来, 老鼠 见 猫 就 逃, 猫 见 老鼠 就 抓。

生词语　New Words

老鼠	lǎoshǔ	（名）	mouse, rat	ねずみ 쥐
坛子	tánzi	（名）	earthen jar	粗陶製 단지

145

汉语语音教程·提高篇

猪油	zhūyóu	（名）	lard, pig oil	ラード 돼지기름
藏	cáng	（动）	hide	隠す 숨기다
奔	bèn	（介）	towards	〜に向って 〜를 향하여
见底	jiàn dǐ		catch sight of the bottom of a jug (or jay)	底まで見える 바닥이 보이다
急眼	jíyǎn	（动）	become very anxious	焦る 애타다
钻	zuān	（动）	drill into	穴をあける (뚫고) 들어가다
砖缝	zhuānfèng	（名）	the joint of brickwork	れんがとれんがの隙間 (담장 따위의) 벽돌을 쌓은 틈

二、《难以想象的抉择》 The Unimaginable Choice

1. 请边听边给短文句子的拼音标出声调，然后跟读。

(1) Bani Luoboge shi Meiguo Mianyin Zhou de yi ge famu gongren.
    巴尼·罗伯格是美国缅因州的一个伐木工人。

(2) Ta xiang pingshi yiyang jiazhe jipuche qu senlin gan huor.
    他像平时一样驾着吉普车去森林干活儿。

(3) Youyu xiaguo yi chang baoyu, lushang daochu kengkengwawa.
    由于下过一场暴雨，路上到处坑坑洼洼。

(4) Ta hao bu rongyi ba che kaidao lu de jintou.
    他好不容易把车开到路的尽头。

(5) Ta zouxia che, nale fuzi he dianju, chaozhe linzi shenchu you zoule dayue liang yingli lu.

他走下车,拿了斧子和电锯,朝着林子深处又走了大约两英里路。

(6) Ta jueding ba yi ke zhijing chaoguo liang yingchi de songshu judao.

他决定把一棵直径超过两英尺的松树锯倒。

(7) Julie de tengtong shi Bani zhi juede yanqian yi pian qihei.

剧烈的疼痛使巴尼只觉得眼前一片漆黑。

2. 请跟读下面的短文。

Nán yǐ xiǎngxiàng de juézé
难 以 想象 的 抉择

Bāní Luóbógé shì Měiguó Miǎnyīn Zhōu de yí ge fámù gōngrén. Yì tiān zǎochen, Bāní xiàng píngshí yíyàng jiàzhe jípǔchē qù sēnlín gàn huór. Yóuyú xiàguo yì cháng bàoyǔ, lùshang dàochù kēngkengwāwā. Tā hǎo bù róngyì bǎ chē kāidào lù de jìntóu. Tā zǒuxià chē, nále fǔzi hé diànjù, cháozhe línzi shēnchù yòu zǒule dàyuē liǎng yīnglǐ lù.

巴尼·罗伯格是美国缅因州的一个伐木工人。一天早晨,巴尼像平时一样驾着吉普车去森林干活儿。由于下过一场暴雨,路上到处坑坑洼洼。他好不容易把车开到路的尽头。他走下车,拿了斧子和电锯,朝着林子深处又走了大约两英里路。

Bāní dǎliangle yíxià zhōuwéi de shùmù, juédìng bǎ yì kē zhíjìng chāoguò liǎng yīngchǐ de sōngshù jùdǎo. Chū rén yì liào de shì: sōngshù dǎoxià shí, shàngduān měng de zhuàng zài fùjìn de yì kē dà shù shang, yíxiàzi sōngshù wānchéngle yì zhāng gōng, xuánjí yòu fǎntán

巴尼打量了一下周围的树木,决定把一棵直径超过两英尺的松树锯倒。出人意料的是:松树倒下时,上端猛地撞在附近的一棵大树上,一下子松树弯成了一张弓,旋即又反弹

huílái, zhòngzhòng de yā zài Bāní de yòutuǐ shang.
回来，重重地压在巴尼的右腿上。

Jùliè de téngtòng shǐ Bāní zhǐ juéde yǎnqián yí piàn qīhēi. Dàn tā zhīdào, zìjǐ
剧烈的疼痛使巴尼只觉得眼前一片漆黑。但他知道，自己
shǒuxiān yào zuò de shì shì bǎochí qīngxǐng. Tā shìtú bǎ tuǐ chōu huílái, kěshì
首先要做的事是保持清醒。他试图把腿抽回来，可是
bàn bú dào. Tuǐ gěi yā de sǐsǐ de, yìdiǎnr yě dòngtan bùdé. Bāní hěn qīng-
办不到。腿给压得死死的，一点儿也动弹不得。巴尼很清
chu, yàoshi děngdào tóngbànmen xiàgōng hòu fāxiàn tā bújiànle zài lái zhǎo
楚，要是等到同伴们下工后发现他不见了再来找
tā de huà, hěn kěnéng huì yīn liúxuè guò duō ér sǐqù. Tā zhǐ néng kào zìjǐ
他的话，很可能会因流血过多而死去。他只能靠自己
le.
了。

Bāní náqǐ shǒu biān de fǔzi, hěnmìng cháo shùshēn kǎnqù. Kěshì, yóuyú
巴尼拿起手边的斧子，狠命朝树身砍去。可是，由于
yònglì guò měng, kǎnle sān-sì xià hòu, fǔzibǐng biàn duàn le. Bāní juéde zìjǐ zhēn
用力过猛，砍了三四下后，斧子柄便断了。巴尼觉得自己真
de shénme dōu wán le. Tā chuǎnle kǒu qì, cháo sìzhōu wàngle wàng. Hái hǎo,
的什么都完了。他喘了口气，朝四周望了望。还好，
diànjù jiù zài bù yuǎnchù tǎngzhe. Tā yòng shǒu li de duànfǔbǐng, yìdiǎn
电锯就在不远处躺着。他用手里的断斧柄，一点
yìdiǎn de bōdòngzhe diànjù, bǎ tā yídào zìjǐ shǒu gòudezháo de dìfang, ránhòu
一点地拨动着电锯，把它移到自己手够得着的地方，然后
náqǐ diànjù kāishǐ jù shù. Dàn tā fāxiàn, yóuyú dǎoxià de sōngshù chéng sìshí-
拿起电锯开始锯树。但他发现，由于倒下的松树呈四十
wǔ dù jiǎo, jùdà de yālì suíshí huì bǎ jùtiáo qiǎzhù, rúguǒ diànjù chūle
五度角，巨大的压力随时会把锯条卡住，如果电锯出了
gùzhàng, nàme tā zhǐ néng shù shǒu dài bì le. Zuǒ sī yòu xiǎng, Bāní zhōngyú
故障，那么他只能束手待毙了。左思右想，巴尼终于
rèndìng, zhǐyǒu wéiyī yì tiáo lù kě zǒu le. Tā hěnle hěn xīn, náqǐ diànjù, duìzhǔn
认定，只有唯一一条路可走了。他狠了狠心，拿起电锯，对准
zìjǐ de yòutuǐ jìnxíng jiézhī...
自己的右腿进行截肢……

Bāní bǎ duàntuǐ jiǎndān bāozāle yíxià, tā juédìng pá huíqù. Yílù shang
巴尼把断腿简单包扎了一下，他决定爬回去。一路上

第十一课　散文朗读

Bāní rěnzhe jùtòng, yí cùn yí cùn de pázhe. Tā yí cìcì de hūnmí guòqù, yòu yí
巴尼忍着 剧痛，一寸 一寸 地 爬着。他 一次次地 昏迷 过去，又 一
cìcì de sūxǐng guòlái, xīnzhōng zhǐ yǒu yí ge niàntou: yídìng yào huózhe huíqù!
次次地 苏醒 过来，心 中　 只 有 一 个 念头：一定 要 活着 回去！

 生词语　New Words

伐木	fámù	（动）	lumber	伐採する 벌목하다
吉普车	jīpǔchē	（名）	jeep	ジープ 지프(jeep)차
暴雨	bàoyǔ	（名）	downpour, rainstorm	豪雨 폭우
坑坑洼洼	kēngkengwāwā	（形）	full of bumps and hollows	でこぼこ 울퉁불퉁하다
尽头	jìntóu	（名）	end (of the road)	末端 말단
电锯	diànjù	（名）	electric saw	電気のこぎり 전기톱
直径	zhíjìng	（名）	diameter (of a tree)	直径 직경
弓	gōng	（名）	bow	弓 활
旋即	xuánjí	（副）	soon, at once	すぐ 뒤이어, 곧
反弹	fǎntán	（动）	bounce back	跳ね返る 내렸다가 다시 오르다
剧烈	jùliè	（形）	fierce, acute (of ache)	激しい 극렬하다
试图	shìtú	（动）	try, attempt	企てる 시도하다

狠命	hěnmìng	（副）	desperately	命がけで 필사적으로
呈	chéng	（动）	appear	呈する 나타나다
故障	gùzhàng	（名）	breakdown	故障 고장
束手待毙	shùshǒu dài bì		helplessly wait for death	困難に遭遇しながらも、じっと失敗するのを待っている事 꼼짝못하고 죽음을 기다리다

专名　Proper Nouns

巴尼·罗伯格	Bāní Luóbógé	name of a person	バニ・ロボグーさん 남자 이름
缅因州	Miǎnyīn Zhōu	Maine State	メイン州 메인주

三、《海燕》 The Petrel

1. 请边听边给短文句子的拼音标出声调，然后跟读。

(1) Zai cangmang de da hai shang, feng jujizhe wuyun.
在苍茫的大海上，风聚集着乌云。

(2) Zai wuyun he da hai zhijian, haiyan xiang heise de shandian gao'ao de feixiang.
在乌云和大海之间，海燕像黑色的闪电高傲地飞翔。

(3) Zai zhe jiaohansheng li, chongmanzhe dui baofengyu de kewang!
在这叫喊声里，充满着对暴风雨的渴望！

第十一课　散文朗读

(4) Hai'ou zai baofengyu daolai zhiqian shenyinzhe,——shenyinzhe.
海鸥在暴风雨到来之前呻吟着，——呻吟着。

(5) Haiya ye shenyinzhe,——zhexie haiya ya, xiangshou bu liao shenghuo de zhandou de huanle; honglonglong de leisheng jiu ba tamen xiahuai le.
海鸭也呻吟着，——这些海鸭呀,享受不了生活的战斗的欢乐;轰隆隆的雷声就把它们吓坏了。

(6) Yuchun de qi'e, weisuo de ba feipang de shenti duocang zai qiaoya dixia…
愚蠢的企鹅,畏缩地把肥胖的身体躲藏在峭崖底下……

(7) Kuangfeng jinjin baoqi yi dui julang, ehenhen de rengdao qiaoya shang, ba zhe da kuai de feicui shuaicheng chenwu he shuimo.
狂风紧紧抱起一堆巨浪,恶狠狠地扔到峭崖上,把这大块的翡翠摔成尘雾和水沫。

2. 请跟读下面的短文。

Hǎi yàn
海　燕

Zài cāngmáng de dà hǎi shang, fēng jùjízhe wūyún. Zài wūyún hé dà hǎi zhījiān,
在　苍　茫　的　大　海　上， 风　聚集着　乌云。在　乌云　和　大　海　之间，

hǎiyàn xiàng hēisè de shǎndiàn gāo'ào de fēixiáng.
海燕　像　黑色的　闪电　高傲地　飞翔。

Yíhuìr chìbǎng pèngzhe hǎilàng, yíhuìr jiàn yìbān de zhí chōng yúnxiāo, tā jiàohǎnzhe,——zài zhè niǎo'ér yǒnggǎn de jiàohǎnshēng li, wūyún tīngdàole huānlè.
一会儿　翅膀　碰着海浪，一会儿箭一般地直　冲　云霄，它叫喊着,——在这　鸟儿　勇敢的　叫喊　声　里,乌云　听到了　欢乐。

Zài zhè jiàohǎnshēng li, chōngmǎnzhe duì bàofēngyǔ de kěwàng! Zài zhè jiàohǎn-
在这叫喊声里，充满着对暴风雨的渴望！在这叫喊
shēng li, wūyún gǎndàole fènnù de lìliàng、rèqíng de huǒyàn hé shènglì de xìnxīn.
声里，乌云感到了愤怒的力量、热情的火焰和胜利的信心。

Hǎi'ōu zài bàofēngyǔ dàolái zhīqián shēnyínzhe, —shēngyínzhe, zài dà hǎi
海鸥在暴风雨到来之前呻吟着，——呻吟着，在大海
shàngmian fēicuàn, xiǎng bǎ zìjǐ duì bàofēngyǔ de kǒngjù, yǎncáng dào dà hǎi
上面飞窜，想把自己对暴风雨的恐惧，掩藏到大海
shēnchù.
深处。

Hǎiyā yě shēnyínzhe, —zhèxiē hǎiyā ya, xiǎngshòu bù liǎo shēnghuó de
海鸭也呻吟着，——这些海鸭呀，享受不了生活的
zhàndòu de huānlè; hōnglónglóng de léishēng jiù bǎ tāmen xiàhuài le.
战斗的欢乐；轰隆隆的雷声就把它们吓坏了。

Yúchǔn de qǐ'é, wèisuō de bǎ féipàng de shēntǐ duǒcáng zài qiàoyá dǐxia...
愚蠢的企鹅，畏缩地把肥胖的身体躲藏在峭崖底下……
zhǐyǒu gāo'ào de hǎiyàn, yǒnggǎn de、zì yóu zì zài de, zài fānqǐ báimò de dà hǎi
只有高傲的海燕，勇敢地、自由自在地，在翻起白沫的大海
shàngmian fēixiáng.
上面飞翔。

Wūyún yuèláiyuè àn, yuèláiyuè dī, xiàng hǎimiàn yā xiàlái; bōlàng yìbiān
乌云越来越暗，越来越低，向海面压下来；波浪一边
gēchàng, yìbiān chōngxiàng kōngzhōng qù yíngjiē nà léishēng.
歌唱，一边冲向空中去迎接那雷声。

Léishēng hōngxiǎng. Bōlàng zài fènnù de fēimò zhōng hūxiàozhe, gēn kuángfēng
雷声轰响。波浪在愤怒的飞沫中呼啸着，跟狂风
zhēngmíng. Kàn ba, kuángfēng jǐnjǐn bàoqǐ yì duī jùlàng, èhěnhěn de rēngdào
争鸣。看吧，狂风紧紧抱起一堆巨浪，恶狠狠地扔到
qiàoyá shang, bǎ zhè dà kuài de fěicuì shuāichéng chénwù hé shuǐmò.
峭崖上，把这大块的翡翠摔成尘雾和水沫。

Hǎiyàn jiàohǎnzhe, fēixiángzhe, xiàng hēisè de shǎndiàn, jiàn yībān de chuānguo
海燕叫喊着，飞翔着，像黑色的闪电，箭一般地穿过
wūyún, chìbǎng guāqǐ bōlàng de fēimò.
乌云，翅膀刮起波浪的飞沫。

Kàn ba, tā fēiwǔzhe xiàng ge jīnglíng—gāo'ào de、hēisè de bàofēngyǔ de
看吧，它飞舞着像个精灵——高傲的、黑色的暴风雨的

第十一课　散文朗读

精灵，——它一边大笑，它一边高叫……它笑那些乌云，它为欢乐而高叫！

这个敏感的精灵，从雷声的震怒里早就听出困乏，它深信乌云遮不住太阳，——是的，遮不住的！

风在狂吼……雷在轰响……

一堆堆的乌云像青色的火焰，在无底的大海上燃烧。大海抓住金箭似的闪电，把它熄灭在自己的深渊里。闪电的影子，像一条条的火舌，在大海里蜿蜒浮动，一晃就消失了。

——暴风雨！暴风雨就要来啦！

这是勇敢的海燕，在闪电之间，在怒吼的大海上高傲地飞翔。这是胜利的预言家在叫喊：

——让暴风雨来得更猛烈些吧！……

生词语　New Words

苍茫 cāngmáng	(形)	vast, boundless	広々として果てしない 넓고 멀어서 아득하다
乌云 wūyún	(名)	black clouds	暗雲 먹장 구름

高傲	gāo'ào	（形）	arrogant, haughty	おごり高ぶっている，尊大な
				거만하다
飞翔	fēixiáng	（动）	circle in the air	空を飛び回る
				하늘을 날다
冲	chōng	（动）	rush, charge	突進する
				돌진하다
云霄	yúnxiāo	（名）	skies	空（のはて）
				높은 하늘
飞窜	fēicuàn	（动）	fly all over the sky	空を逃げ回る
				날아서 달아나다
畏缩	wèisuō	（动）	shrink	たじろぐ
				위축하다
躲藏	duǒcáng	（动）	seek shelter, hide	隠れる
				도망쳐 숨다
峭崖	qiàoyá	（名）	high and steep	高く険しい崖
				낭떠러지
雷声	léishēng	（名）	thunderclap	雷の音
				천둥소리
轰响	hōngxiǎng	（动）	roar	（雷鳴が）とどろく
				쿵쿵 울리다
翡翠	fěicuì	（名）	(metaphor) huge waves that look like green jade	ひすい
				비취
尘雾	chénwù	（名）	(metaphor) smoke, fog of dust	霧
				안개같이 자욱한 먼지
精灵	jīnglíng	（名）	spirit	精霊
				정령
敏感	mǐngǎn	（形）	sensitive	敏感
				민감하다
震怒	zhènnù	（动）	be enraged, be furious	激怒する
				진노하다

第十一课　散文朗读

困乏	kùnfá	（形）	tired, fatigued	疲れる 피곤하다
火焰	huǒyàn	（名）	flame	炎 불꽃
燃烧	ránshāo	（动）	burn	燃焼する, 燃やす 연소하다
闪电	shǎndiàn	（名）	lightning	稲妻 번개
深渊	shēnyuān	（名）	abyss	深淵 심연, 깊은 못(물)
蜿蜒	wānyán	（形）	zigzagged	うねうねと 꿈틀꿈틀 기어 가는 모양
浮动	fúdòng	（动）	float	浮き沈みする 떠서 움직이다

生词语总表
Complete List of New Words

A
安乐	ānlè	3
安慰	ānwèi	2
安逸	ānyì	3

B
疤	bā	9
百货	bǎihuò	10
摆	bǎi	10
板凳	bǎndèng	1
拌凉皮儿	bànliángpír	10
棒	bàng	2
薄儿	báor	10
饱满	bǎomǎn	2
保守	bǎoshǒu	5
报贩	bàofàn	8
抱怨	bàoyuàn	6
暴雨	bàoyǔ	11
背后	bèihòu	4
背心儿	bèixīnr	10
奔	bèn	11
辫子	biànzi	9
表面	biǎomiàn	7
脖子	bózi	9
不闻不问	bù wén bú wèn	1
不知不觉	bù zhī bù jué	8

C
苍茫	cāngmáng	11
藏	cáng	11
超常	chāocháng	4
朝	cháo	9
炒豆角儿	chǎodòujiǎor	10
尘雾	chénwù	11
趁	chèn	8
呈	chéng	11
冲	chōng	11
充分	chōngfèn	1
虫子	chóngzi	10
出色	chūsè	1
穿	chuān	9
窗户	chuānghu	9
辞退	cítuì	7
葱儿	cōngr	10
粗	cū	9
粗糙	cūcāo	1
挫折	cuòzhé	5

D
大自然	dàzìrán	3
倒	dǎo	7
低落	dīluò	8
电锯	diànjù	11
端	duān	10
短	duǎn	9
躲藏	duǒcáng	11

156

F

发挥	fāhuī	1
伐木	fámù	11
反弹	fǎntán	11
飞窜	fēicuàn	11
飞翔	fēixiáng	11
翡翠	fěicuì	11
风调雨顺	fēng tiáo yǔ shùn	5
浮动	fúdòng	11
抚	fǔ	7

G

盖	gài	9
干瘪	gānbiě	2
甘露	gānlù	7
高傲	gāo'ào	11
根须	gēnxū	5
弓	gōng	11
沟通	gōutōng	6
故障	gùzhàng	11
拐	guǎi	10
逛街	guàng jiē	10

H

海	hǎi	3
豪华	háohuá	6
合	hé	9
狠命	hěnmìng	11
轰响	hōngxiǎng	11
哄笑	hōngxiào	1
红扑扑	hóngpūpū	9
呼吸	hūxī	9
胡同	hútòng	10
花朵儿	huāduǒr	10
花销	huāxiāo	5
划船	huáchuán	9
化肥	huàféi	5
怀才不遇	huái cái bú yù	6
黄瓜丝儿	huángguāsīr	10
火焰	huǒyàn	11

J

吉普车	jīpǔchē	11
汲取	jíqǔ	5
急眼	jíyǎn	11
价值	jiàzhí	3
坚硬	jiānyìng	2
监狱	jiānyù	6
见底	jiàn dǐ	11
浇	jiāo	5
角落	jiǎoluò	3
筋骨	jīngǔ	9
尽头	jìntóu	11
惊叹	jīngtàn	1
精灵	jīnglíng	11
精神	jīngshen	9
径直	jìngzhí	1
竟	jìng	5
镜子	jìngzi	9
剧烈	jùliè	11
距离	jùlí	2
绝妙	juémiào	4
绝望	juéwàng	2

K

颗粒	kēlì	2
啃	kěn	9
坑坑洼洼	kēngkengwāwā	11
控制	kòngzhì	8
口罩儿	kǒuzhàor	10
困乏	kùnfá	11

L

辣椒儿	làjiāor	10
赖	lài	7
懒得	lǎnde	5
烂	làn	2
老鼠	lǎoshǔ	11
雷声	léishēng	11
梨儿	lír	10
立	lì	9
脸	liǎn	9
亮	liàng	9
邻居	línjū	5
熘肉片儿	liūròupiànr	10
笼子	lóngzi	3
驴	lǘ	9
萝卜儿	luóbor	10

M

麦子	màizi	5
满足	mǎnzú	6
帽子	màozi	9
玫瑰	méigui	9
眉	méi	9
梦乡	mèngxiāng	9
秘密	mìmì	4
蜜桃儿	mìtáor	10
敏感	mǐngǎn	11
命运	mìngyùn	6
模样	móyàng	9
牡丹	mǔdan	9

N

凝	níng	7
农药	nóngyào	5

P

刨	páo	1
平淡	píngdàn	2
葡萄儿	pútaor	10

Q

乞丐	qǐgài	4
乞讨	qǐtǎo	4
潜能	qiǎnnéng	1
瞧	qiáo	10
峭崖	qiàoyá	11
情绪	qíngxù	8
颧骨	quángǔ	9
裙子	qúnzi	9

R

燃烧	ránshāo	11
认准	rènzhǔn	4
韧性	rènxìng	1
扔	rēng	3
肉鼻子	ròubízi	9

S

腮	sāi	9
三思而后行	sān sī ér hòu xíng	1
沙漠	shāmò	7
沙丘	shāqiū	7
闪电	shǎndiàn	11
赏识	shǎngshí	8
上司	shàngsi	8
尚且	shàngqiě	1
芍药	sháoyao	9
深思	shēnsī	4
深渊	shēnyuān	11
生生不息	shēng shēng bù xī	1
石头	shítou	4
石子	shízǐ	6
食	shí	1
试图	shìtú	11
释放	shìfàng	4
手工课	shǒugōngkè	1
手套儿	shǒutàor	10
兽	shòu	1
梳	shū	9
蔬菜	shūcài	10
熟视无睹	shú shì wú dǔ	3
束手待毙	shù shǒu dài bì	11
树苗	shùmiáo	5
四肢	sìzhī	9
锁	suǒ	9

T

摊儿	tānr	10
坛子	tánzi	11
讨厌	tǎoyàn	2
剃	tì	9
甜	tián	10
跳绳	tiàoshéng	9
跳舞	tiàowǔ	9
挺脱	tǐngtuō	9
投	tóu	1
土豆条儿	tǔdòutiáor	10
土壤	tǔrǎng	5
退休	tuìxiū	5
托盘	tuōpán	7

W

蜿蜒	wānyán	11
顽强	wánqiáng	5
碗	wǎn	10
围脖儿	wéibór	10
唯独	wéidú	2
维系	wéixì	7
畏缩	wèisuō	11
乌云	wūyún	11

X

习性	xíxìng	1
闲聊	xiánliáo	5
羡慕	xiànmù	3
向	xiàng	7
小猴儿	xiǎohóur	10
小兔儿	xiǎotùr	10
小熊猫儿	xiǎoxióngmāor	10
新鲜	xīnxiān	9
杏儿	xìngr	10
旋即	xuánjí	11

选择	xuǎnzé	6		斩尽杀绝	zhǎn jìn shā jué	1
穴	xué	1		掌管	zhǎngguǎn	8
				哲学	zhéxué	8
Y				针头线脑儿	zhēn tóu xiàn nǎor	10
野地	yědì	3		震怒	zhènnù	11
依然	yīrán	2		枝繁叶茂	zhī fán yè mào	5
蚁熊	yǐxióng	1		直径	zhíjìng	11
一边儿	yìbiānr	9		质问	zhìwèn	6
硬棒	yìngbang	9		种子	zhǒngzi	5
永远	yǒngyuǎn	9		猪油	zhūyóu	11
忧郁	yōuyù	3		主意	zhǔyi	4
玉米秆儿	yùmǐgǎnr	2		煮	zhǔ	4
园艺师	yuányìshī	5		砖缝	zhuānfèng	11
云霄	yúnxiāo	11		捉迷藏	zhuō mícáng	9
				滋味	zīwèi	4
Z				紫	zǐ	10
栽植	zāizhí	5		钻	zuān	11
赞许	zànxǔ	1		作品	zuòpǐn	1
噪音	zàoyīn	2		作声	zuòshēng	3
炸鸡块儿	zhájīkuàir	10				

专名总表
Complete List of Proper Nouns

爱因斯坦	Àiyīnsītǎn	1	小乐儿	Xiǎolèr	10
巴尼·罗伯格	Bāní Luóbógé	11	小全儿	Xiǎoquánr	10
缅因州	Miǎnyīn Zhōu	11	小田儿	Xiǎotiánr	10
妞妞	Niūniu	9	亚马逊河	Yàmǎxùn Hé	1
小宝儿	Xiǎobǎor	10			

附录 Appendix

一、汉语普通话音节拼写规则表
Table of Spelling Rules for Syllables in Chinese Mandarin

音节分类 / 韵母分类		零声母音节	声母音节	
			声、韵、调	说明
单韵母	a	ā（啊）	bā（八）	
	o	ō（噢）	bō（拨）	
	e	ē（婀）	lē（肋）	
	i	yī（衣），i 前加上 y	lī（哩）	
	u	wū（屋），u 前加上 w	nù（怒）　lù（路）	
	ü	yū（淤），ü 前加上 y，ü 上两点省略	nǜ（恧）　lǜ（律） jù（剧）　qù（去） xù（续）	
	ê	ê̄（欸）		
	er	èr（二）		
	-i[ɿ]		zī（资）　cī（疵） sī（思）	
	-i[ʅ]		zhì（治）　chì（赤） shì（是）　rì（日）	
复韵母	ai	āi（哀）	bāi（掰）	
	ei	ēi（欸）	bēi（背）	
	ao	āo（凹）	bāo（包）	
	ou	ōu（欧）	dōu（都）	
	ia	yā（呀），i 换成 y	jiā（家）	

162

续表

复韵母	ua	wā（挖），u 换成 w	guā（瓜）	
	uo	wō（窝），u 换成 w	guō（锅）	
	ie	yē（椰），i 换成 y	jiē（街）	
	üe	yuè（越），ü 前加上 y，ü 上两点省略	nüè（虐）lüè（略）	j、q、x 后，ü 上两点省略
			juè（倔）què（确）	
			xuè（血）	
	uai	wāi（歪），u 换成 w	shuāi（摔）	
	uei	wēi（危），u 换成 w	tuī（推）	uei 省略中间的 e
	iao	yāo（腰），i 换成 y	jiāo（交）	
	iou	yōu（优），i 换成 y	liū（溜）	iou 省略中间的 o
鼻韵母	an	ān（安）	bān（班）	
	ian	yān（烟），i 换成 y	xiān（先）	
	uan	wān（弯），u 换成 w	chuān（穿）	
	üan	yuān（冤），ü 前加上 y，ü 上两点省略	juān（捐）	j、q、x 后，ü 上两点省略
			quān（圈）	
			xuān（宣）	
	en	ēn（恩）	fēn（分）	
	in	yīn（因），i 前加上 y	xīn（新）	
	uen	wēn（温），u 换成 w	lūn（抡）	uen 省略中间的 e
	ün	yūn（晕），ü 前加上 y，ü 上两点省略	jūn（军）	j、q、x 后，ü 上两点省略
			qūn（逡）	
			xūn（熏）	
	ang	āng（肮）	bāng（帮）	
	iang	yāng（央），i 换成 y	jiāng（江）	
	uang	wāng（汪），u 换成 w	shuāng（双）	
	eng	ēng（鞥）	kēng（坑）	
	ing	yīng（英），i 换成 y	qīng（清）	
	ueng	wēng（翁），u 换成 w	wēng（翁）	
	ong		tōng（通）	
	iong	yōng（拥），i 换成 y	xiōng（胸）	

二、汉语普通话声母表
Table of Initials in Chinese Mandarin

发音方法 / 发音部位		塞音 清音		塞擦音 清音		擦音		鼻音	边音
声母		不送气音	送气音	不送气音	送气音	清音	浊音	浊音	浊音
双唇音	上唇 下唇	b [p]	p [p']					m [m]	
唇齿音	上齿 下唇					f [f]			
舌尖前音	舌尖 上齿背			z [ts]	c [ts']	s [s]			
舌尖中音	舌尖 上齿龈	d [t]	t [t']					n [n]	l [l]
舌尖后音	舌尖 硬腭前			zh [tʂ]	ch [tʂ']	sh [ʂ]	r [ʐ]		
舌面音	舌面 硬腭			j [tɕ]	q [tɕ']	x [ɕ]			
舌根音	舌根 软腭	g [k]	k [k']			h [x]			

三、汉语普通话韵母表
Table of Finals in Chinese Mandarin

按韵母结构分＼按口形分	开口呼 没有 i, u, ü 的韵母	齐齿呼 i 和有 i 韵头的韵母	合口呼 u 和有 u 韵头的韵母	撮口呼 ü 和有 ü 韵头的韵母
单韵母	-i[ɿ][ʅ]	i[i]	u[u]	ü[y]
	a[A]	ia[iA]	ua[uA]	
	o[o]		uo[uo]	
	e[ɤ]			
	ê[ɛ]	ie[iɛ]		üe[yɛ]
	er[ɚ]			
复韵母	ai[ai]		uai[uai]	
	ei[ei]		uei[uei]	
	ao[au]	iao[iau]		
	ou[ou]	iou[iou]		
鼻韵母	an[an]	ian[iɛn]	uan[uan]	üan[yɛn]
	en[ən]	in[in]	uen[uən]	ün[yn]
	ang[aŋ]	iang[iaŋ]	uang[uaŋ]	
	eng[əŋ]	ing[iŋ]	ueng[uəŋ]	
			ong[uŋ]	iong[yŋ]

四、部分练习答案
Answers to Parts of the Exercises

第 1 课

分辨训练

二、

1. (2)
   ① 播 bō　　② 破 pò　　③ 摸 mō　　④ 佛 fó

2. (2)
   ① 甭 béng　② 碰 pèng　③ 猛 měng　④ 风 fēng

3. (2)
   ① 等 děng　② 疼 téng　③ 能 néng　④ 冷 lěng

4. (2)
   ① 订 dìng　② 盯 dīng　③ 挺 tǐng　④ 听 tīng

三、

(一) 1. (2)
   ① 友爱 yǒu'ài　　② 平安 píng'ān　　③ 天鹅 tiān'é
   ④ 作呕 zuò'ǒu　　⑤ 女儿 nǚ'ér

2. (2)
   ① 衣 yī　　② 鱼 yú　　③ 午 wǔ　　④ 因 yīn
   ⑤ 约 yuē　⑥ 应 yìng　⑦ 圆 yuán　⑧ 云 yún
   ⑨ 牙 yá　　⑩ 眼 yǎn　⑪ 娃 wá　　⑫ 弯 wān
   ⑬ 也 yě　　⑭ 样 yàng　⑮ 翁 wēng　⑯ 我 wǒ
   ⑰ 闻 wén　⑱ 腰 yāo　⑲ 永 yǒng　⑳ 外 wài
   ㉑ 忘 wàng　㉒ 有 yǒu　㉓ 为 wèi

(二) 1. (2)
   ① 久 jiǔ　　② 最 zuì　　③ 准 zhǔn　　④ 求 qiú
   ⑤ 脆 cuì　　⑥ 春 chūn　　⑦ 休 xiū　　⑧ 虽 suī
   ⑨ 吮 shǔn

2. (2)
   ① 居 jū　　② 决 jué　　③ 卷 juǎn　　④ 军 jūn

⑤ 取 qǔ　　　　⑥ 缺 quē　　　　⑦ 劝 quàn　　　　⑧ 群 qún
⑨ 需 xū　　　　⑩ 雪 xuě　　　　⑪ 选 xuǎn　　　　⑫ 寻 xún
⑬ 女 nǚ　　　　⑭ 路 lù

（三）1. (2)
① 早 zǎo　　　　② 柴 chái　　　　③ 接 jiē　　　　④ 学 xué
⑤ 国 guó　　　　⑥ 年 nián　　　　⑦ 聊 liáo　　　　⑧ 转 zhuǎn
⑨ 周 zhōu

2. (2)
① 桌子 zhuōzi　　② 先生 xiānsheng　　③ 姐姐 jiějie　　④ 看看 kànkan

综合练习

一、
1. 水果 shuǐguǒ　　　2. 博学 bóxué　　　3. 裙子 qúnzi
4. 路口 lùkǒu　　　　5. 原来 yuánlái　　6. 约会 yuēhuì
7. 省略 shěnglüè　　8. 雨衣 yǔyī　　　　9. 女儿 nǚ'ér
10. 偶尔 ǒu'ěr　　　11. 本能 běnnéng　　12. 冷门 lěngmén
13. 肯定 kěndìng　　14. 风声 fēngshēng　15. 平安 píng'ān
16. 准备 zhǔnbèi　　17. 休息 xiūxi　　　18. 解决 jiějué
19. 最近 zuìjìn　　　20. 运用 yùnyòng

二、
（一）1.
Yǎn kàn nánshān yún mǎn tiān.

2.
B. 云南（Yúnnán）

（二）1.
Dēng Guànquè Lóu（Wáng Zhīhuàn）
Bái rì yī shān jìn,
Huáng Hé rù hǎi liú.
Yù qióng qiān lǐ mù,
Gèng shàng yì céng lóu.

三、

（一）1.

(1) Àiyīnsītǎn kù'ài shǒugōngkè, yí cì tā xiǎng zuò yí ge mùtou de xiǎo bǎndèng.
爱因斯坦酷爱手工课，一次他想做一个木头的小板凳。

(2) Xià kè shí, tóngxuémen bǎ zìjǐ de zuòpǐn dōu jiāo gěi nǚlǎoshī, Àiyīnsītǎn yīnwèi jiāo bù chū zìjǐ de zuòpǐn hěn zháojí.
下课时，同学们把自己的作品都交给女老师，爱因斯坦因为交不出自己的作品很着急。

(3) Nǚlǎoshī xiāngxìn zhè ge zài shùxué děng fāngmiàn dōu hěn chūsè de nánháir yídìng huì jiāo gěi tā yí jiàn hǎo zuòpǐn.
女老师相信这个在数学等方面都很出色的男孩儿一定会交给她一件好作品。

(4) Dì èr tiān, Àiyīnsītǎn jiāo gěi lǎoshī de shì yí ge hěn cūcāo de xiǎo bǎndèng.
第二天，爱因斯坦交给老师的是一个很粗糙的小板凳。

(5) Nǚlǎoshī bù mǎnyì de shuō: "Wǒ xiǎng shìjiè shang bú huì zài yǒu bǐ zhè gèng huài de dèngzi le." Tóngxuémen hōngxiào qǐlái.
女老师不满意地说："我想世界上不会再有比这更坏的凳子了。"同学们哄笑起来。

(6) Àiyīnsītǎn hóngzhe liǎn zǒudào lǎoshī de gēnqián shuō: "Yǒu, lǎoshī, hái yǒu bǐ zhè gèng huài de dèngzi."
爱因斯坦红着脸走到老师的跟前说："有，老师，还有比这更坏的凳子。"

(7) Suīrán tā bìng bù shǐ rén mǎnyì, kěshì bǐqǐ qián liǎng ge zǒng yào qiáng yìxiē.
虽然它并不使人满意，可是比起前两个总要强一些。

(8) Nǚlǎoshī qīnqiè de diǎndian tóu, tóngxuémen yě xiàng tā tóuqù zànxǔ de mùguāng.
女老师亲切地点点头，同学们也向他投去赞许的目光。

(9) Zhè ge xiǎo gùshi ràng wǒmen kàndàole Àiyīnsītǎn de rènxìng.
这个小故事让我们看到了爱因斯坦的韧性。

(10) Wúlùn zuò shénme shì, tā dōu yào zuò de zuì hǎo, ràng zìjǐ de qiánnéng chōngfèn fāhuī.
无论做什么事，他都要做得最好，让自己的潜能充分发挥。

2.

粗糙的小板凳

小时候，爱因斯坦酷爱手工课。一次他想做一个木头的小板凳，下课时，同学们把自己的作品都交给女老师，爱因斯坦因为交不出自己的作品很着急。女老师相信这个在数学等方面都很出色的男孩儿一定会交给她一件好作品。

第二天,爱因斯坦交给女老师的是一个粗糙的小板凳。女老师不满意地说:"我想世界上不会再有比这更坏的凳子了。"同学们哄笑起来。爱因斯坦红着脸走到女老师的跟前说:"有,老师,还有比这更坏的凳子。"说完,他走回自己的座位,从书桌下拿出两个更为粗糙的小板凳,说:"这是我第一次和第二次做的,刚才交给老师的是第三个木板凳,虽然它并不使人满意,可是比起前两个总要强一些。"女老师亲切地点点头,同学们也向他投去赞许的目光。这个小故事让我们看到了爱因斯坦的韧性,无论做什么事,他都要做得最好,让自己的潜能充分发挥。

(二) 1.

(1) Yàmǎxùn Hé rèdài yǔ lín zhōng yǒu yì zhǒng jiào yǐxióng de dòngwù.
亚马逊河热带雨林中有一种叫蚁熊的动物。

(2) Zhè zhǒng yǐxióng shì shìjiè shang zuì dà de shí yǐ shòu.
这种蚁熊是世界上最大的食蚁兽。

(3) Rán'ér, ràng rén dà wéi jīngtàn de shì yǐxióng yǒu yì zhǒng xíxìng: tā chī mǎyǐ shí jué bù zhǎn jìn shā jué.
然而,让人大为惊叹的是蚁熊有一种习性:它吃蚂蚁时绝不斩尽杀绝。

(4) Dāng tā páokāi měi yí ge yǒu chéng qiān shàng wàn zhī mǎyǐ de yǐxué shí, jiù zhǐ chī qízhōng yì xiǎo bùfen.
当它刨开每一个有成千上万只蚂蚁的蚁穴时,就只吃其中一小部分。

(5) Tā duì shèngxià de mǎyǐ bù wén bú wèn, jìngzhí qù xúnzhǎo xià yí ge mùbiāo.
它对剩下的蚂蚁不闻不问,径直去寻找下一个目标。

(6) Yǐxióng qīngchu de zhīdào, yào shǐ zìjǐ de zhǒngqún shēngcún xiàqù, jiù bìxū yǒu mǎyǐ jiāzú de shēng shēng bù xī.
蚁熊清楚地知道,要使自己的种群生存下去,就必须有蚂蚁家族的生生不息。

(7) Yǐxióng shàngqiě zhīdào liú yǒu yú dì, "jìhuà" shǐyòng zīyuán, rénlèi bù gāi sān sī ér hòu xíng ma?
蚁熊尚且知道留有余地,"计划"使用资源,人类不该三思而后行吗?

2.

1. 逊 xùn   2. 雨 yǔ   3. 一 yì   4. 蚁 yǐ   5. 蚁 yǐ

6. 最 zuì   7. 蚁 yǐ   8. 蚁 yǐ   9. 然而 rán'ér   10. 蚁 yǐ

11. 一 yì	12. 蚁 yǐ	13. 绝 jué	14. 绝 jué	15. 一 yí
16. 万 wàn	17. 蚁 yǐ	18. 蚁 yǐ	19. 穴 xué	20. 就 jiù
21. 一 yì	22. 最 zuì	23. 为 wéi	24. 对 duì	25. 蚁 yǐ
26. 闻 wén	27. 问 wèn	28. 寻 xún	29. 一 yí	30. 蚁 yǐ
31. 群 qún	32. 存 cún	33. 就 jiù	34. 须 xū	35. 蚁 yǐ
36. 蚁 yǐ	37. 留 liú	38. 有 yǒu	39. 余 yú	40. 源 yuán

3.

留有余地

亚马逊河热带雨林中有一种叫蚁熊的动物。这种蚁熊是世界上最大的食蚁兽,每天要吃1.6万只蚂蚁。

然而,让人大为惊叹的是蚁熊有一种习性:它吃蚂蚁时绝不斩尽杀绝,当它刨开每一个有成千上万只蚂蚁的蚁穴时,它就只吃其中一小部分,最多为500只,它对剩下的蚂蚁不闻不问,径直去寻找下一个目标。可见,蚁熊清楚地知道,要使自己的种群生存下去,就必须有蚂蚁家族的生生不息。

蚁熊尚且知道留有余地,"计划"使用资源,人类不该三思而后行吗?

第2课

分辨训练

一、

(一) 5.

(1) 参观 cānguān　(2) 司机 sījī　(3) 周围 zhōuwéi
(4) 经常 jīngcháng　(5) 交往 jiāowǎng　(6) 思考 sīkǎo
(7) 出境 chūjìng　(8) 超过 chāoguò　(9) 操场 cāochǎng
(10) 居住 jūzhù　(11) 郊区 jiāoqū　(12) 专门 chuānmén
(13) 公费 gōngfèi　(14) 发烧 fāshāo　(15) 干杯 gānbēi
(16) 新年 xīnnián　(17) 需求 xūqiú　(18) 申请 shēnqǐng
(19) 歌曲 gēqǔ　(20) 出现 chūxiàn

（二）5.

(1) 曾经 céngjīng　　(2) 平安 píng'ān　　(3) 乘客 chéngkè
(4) 辞职 cízhí　　(5) 时装 shízhuāng　　(6) 存放 cúnfàng
(7) 红茶 hóngchá　　(8) 符合 fúhé　　(9) 及格 jígé
(10) 茶馆 cháguǎn　　(11) 河流 héliú　　(12) 国籍 guójí
(13) 结果 jiéguǒ　　(14) 财产 cáichǎn　　(15) 即将 jíjiāng
(16) 不断 búduàn　　(17) 即使 jíshǐ　　(18) 前天 qiántiān
(19) 磁带 cídài　　(20) 而且 érqiě

（三）5.

(1) 保存 bǎocún　　(2) 感受 gǎnshòu　　(3) 简直 jiǎnzhí
(4) 保险 bǎoxiǎn　　(5) 偶尔 ǒu'ěr　　(6) 海外 hǎiwài
(7) 首都 shǒudū　　(8) 好久 hǎojiǔ　　(9) 采用 cǎiyòng
(10) 整天 zhěngtiān　　(11) 可口 kěkǒu　　(12) 改变 gǎibiàn
(13) 老师 lǎoshī　　(14) 友好 yǒuhǎo　　(15) 解释 jiěshì
(16) 好吃 hǎochī　　(17) 保护 bǎohù　　(18) 旅行 lǚxíng
(19) 举行 jǔxíng　　(20) 打扫 dǎsǎo

（四）5.

(1) 放心 fàngxīn　　(2) 错误 cuòwù　　(3) 付款 fù kuǎn
(4) 复习 fùxí　　(5) 大都 dàdōu　　(6) 大使 dàshǐ
(7) 到底 dàodǐ　　(8) 互相 hùxiāng　　(9) 大概 dàgài
(10) 电视 diànshì　　(11) 病人 bìngrén　　(12) 或者 huòzhě
(13) 不禁 bùjīn　　(14) 电池 diànchí　　(15) 必须 bìxū
(16) 按时 ànshí　　(17) 季节 jìjié　　(18) 大约 dàyuē
(19) 办理 bànlǐ　　(20) 报纸 bàozhǐ

二、

1. fēng tiáo yǔ shùn（风调雨顺）　　2. xiōng huái guǎng kuò（胸怀广阔）
3. guāng míng lěi luò（光明磊落）　　4. jiān chí nǔ lì（坚持努力）
5. yīn yáng shǎng qù（阴阳上去）　　6. diāo chóng xiǎo jì（雕虫小技）
7. xiù shǒu páng guān（袖手旁观）　　8. yì kǒu tóng shēng（异口同声）
9. miào shǒu huí chūn（妙手回春）　　10. kè gǔ míng xīn（刻骨铭心）

三、

(一) 5.
  (1) 一瞥 yìpiē (2) 一下 yíxià (3) 一体 yìtǐ
  (4) 一道 yídào (5) 一贯 yíguàn (6) 一度 yídù
  (7) 一阵 yízhèn (8) 一些 yìxiē (9) 一样 yíyàng

(二) 5.
  (1) 不吃 bù chī (2) 不请 bù qǐng (3) 不全 bù quán
  (4) 不走 bù zǒu (5) 不看 bú kàn (6) 不周 bùzhōu
  (7) 不种 bú zhòng (8) 不拿 bù ná (9) 不给 bù gěi

综合练习

一、
  1. 安心 ānxīn 2. 农业 nóngyè 3. 一切 yíqiè
  4. 内行 nèiháng 5. 白天 báitiān 6. 洗澡 xǐzǎo
  7. 一样 yíyàng 8. 演奏 yǎnzòu 9. 苦心 kǔxīn
  10. 葬礼 zànglǐ 11. 不怕 bú pà 12. 会议 huìyì
  13. 救灾 jiùzāi 14. 展览 zhǎnlǎn 15. 学习 xuéxí
  16. 不顾 búgù 17. 来往 láiwǎng 18. 四周 sìzhōu
  19. 旅行 lǚxíng 20. 开放 kāifàng

二、

(一) 1.
  Xiēzi luò zài jiāngxīn zhōng.
  2.
  C. 浙江（Zhèjiāng）

(二) 1.
  Chūn xiǎo(Mèng Hàorán)
  Chūn mián bù jué xiǎo,
  Chù chù wén tí niǎo.
  Yè lái fēng yǔ shēng,
  Huā luò zhī duō shǎo?

三、
（一）1.
(1) Yǒu wèi yīnyuèjiā néng yǎnzòu xǔduō hǎotīng de yuèqǔ. Yǒu yì tiān, tā bèi yí wèi fùwēng qǐngdào jiā zhōng biǎoyǎn.
有位音乐家能演奏许多好听的乐曲。有一天，他被一位富翁请到家中表演。

(2) Rúguǒ nǐ néng bǎ jīntiān de yuèqǔ bù tíng de yǎnzòu xiàqù, wǒ jiù sòng gěi nǐ hěn duō qián.
如果你能把今天的乐曲不停地演奏下去，我就送给你很多钱。

(3) Yōuměi de yīnyuè duì tā lái shuō yǐ biànchéngle tǎoyàn de zàoyīn.
优美的音乐对他来说已变成了讨厌的噪音。

(4) Shēnghuó měi tiān dōu huì yīnwèi chōngmǎn xīwàng ér shǐ rén juéde xīnxiān yǒuqù.
生活每天都会因为充满希望而使人觉得新鲜有趣。

2.

给自己留点儿距离

有位音乐家能演奏许多好听的乐曲。有一天，他被一位富翁请到家中表演。音乐让富翁感到十分高兴，他对音乐家说，如果你能把今天的乐曲不停地演奏下去，我就送给你很多钱。音乐家同意了。他三天三夜没有停，一遍又一遍地演奏那几首乐曲。第四天，富翁就不想听了，优美的音乐对他来说已变成了讨厌的噪音。第五天，富翁实在受不了了，给了音乐家钱，让他走了。

许多东西，我们觉得好，是因为我们只能拥有一次。如果太多了，就会变得平淡无味。人生也一样，给自己留点儿距离，这样，生活每天都会因为充满希望而使人觉得新鲜有趣。

（二）1.
(1) Yí ge lǎopópo zài wūzi hòumiàn zhòngle yí dà piàn yùmǐ.
一个老婆婆在屋子后面种了一大片玉米。

(2) Yí ge kēlì bǎomǎn de yùmǐ shuōdào："Shōuhuò nà tiān, lǎopópo kěndìng xiān zhāi wǒ, yīnwèi wǒ shì jīnnián zhǎng de zuì hǎo de yùmǐ."
一个颗粒饱满的玉米说道："收获那天，老婆婆肯定先摘我，因为我是今年长得最好

(3) Dì-èr tiān, lǎopópo yòu shōuzǒule qítā de yùmǐ, kě wéidú méiyǒu zhāi zhège yùmǐ.
第二天,老婆婆又收走了其他的玉米,可唯独没有摘这个玉米。

(4) Yì tiān yòu yì tiān guòqù le, yùmǐ juéwàng le. Yuánlái bǎomǎn de kēlì biàn de gānbiě jiānyìng, tā zhǔnbèi hé yùmǐgǎnr yìqǐ làn zài dì li le.
一天又一天过去了,玉米绝望了。原来饱满的颗粒变得干瘪坚硬,它准备和玉米秆儿一起烂在地里了。

(5) Nǐ shìfǒu yǒu nàixīn zài juéwàng de shíhou zài děng yíxià!
你是否有耐心在绝望的时候再等一下!

2.

再耐心一点儿

一个老婆婆在屋子后面种了一大片玉米。

一个颗粒饱满的玉米说道:"收获那天,老婆婆肯定先摘我,因为我是今年长得最好的玉米。"

可是收获那天,老婆婆并没有把它摘走。"明天,明天她一定会把我摘走。"很棒的玉米自我安慰着。第二天,老婆婆又收走了其他的玉米,可唯独没有摘这个玉米。"明天,老婆婆一定会把我摘走!"很棒的玉米仍然自我安慰着……可老婆婆依然没有来。一天又一天过去了,玉米绝望了,原来饱满的颗粒变得干瘪坚硬,它准备和玉米秆儿一起烂在地里了。

可就在这时,老婆婆来了,一边摘下它,一边说:"这可是今年最好的玉米,用它做种子,明年肯定能种出更棒的玉米!"

也许你一直都很相信自己,但你是否有耐心在绝望的时候再等一下!

第3课

分辨训练

一、

(一) 3.

(1) 跑步 pǎobù (2) 态度 tàidù (3) 土地 tǔdì

（4）逼迫 bīpò （5）打通 dǎtōng （6）旁边 pángbiān
（7）电台 diàntái （8）奔跑 bēnpǎo （9）特点 tèdiǎn
（10）补品 bǔpǐn （11）跳动 tiàodòng （12）瀑布 pùbù
（13）倒塌 dǎotā （14）代替 dàitì （15）标牌 biāopái
（16）普遍 pǔbiàn

（二）3.
（1）攻克 gōngkè （2）迁居 qiānjū （3）工科 gōngkē
（4）进去 jìnqù （5）刻骨 kègǔ （6）讲情 jiǎngqíng
（7）可贵 kěguì （8）器具 qìjù （9）开关 kāiguān
（10）奇迹 qíjì （11）考古 kǎogǔ （12）骄气 jiāoqì
（13）赶快 gǎnkuài （14）机器 jīqì （15）观看 guānkàn
（16）巧计 qiǎojì

（三）3.
（1）出诊 chūzhěn （2）真诚 zhēnchéng （3）侦察 zhēnchá
（4）紫菜 zǐcài （5）传真 chuánzhēn （6）冲撞 chōngzhuàng
（7）出征 chūzhēng （8）丛杂 cóngzá （9）整除 zhěngchú
（10）余子 cuānzi （11）资材 zīcái （12）座次 zuòcì
（13）展翅 zhǎnchì （14）存在 cúnzài （15）丛葬 cóngzàng
（16）早餐 zǎocān

二、

1.
（1）bā bài zhī jiāo（八拜之交） （2）bá kuí qù zhī（拔葵去织）
（3）bǎi duān dài jǔ（百端待举） （4）cāo zhī guò jí（操之过急）
（5）chán gōng zhé guì（蟾宫折桂） （6）cháng zhěn dà bèi（长枕大被）
（7）guǒ zú bù qián（裹足不前） （8）jiào kǔ bù dié（叫苦不迭）
（9）qù cū qǔ jīng（去粗取精） （10）zhī bǐ zhī jǐ（知彼知己）

2.
（1）b-b-zh-j （2）b-k-q-zh （3）b-d-d-j
（4）c-zh-g-j （5）ch-g-zh-g （6）ch-zh-d-b
（7）g-z-b-q （8）j-k-b-d （9）q-c-q-j
（10）zh-b-zh-j

综合练习

一、

1. 拜访 bàifǎng
2. 开关 kāiguān
3. 打算 dǎsuàn
4. 采访 cǎifǎng
5. 杂志 zázhì
6. 其实 qíshí
7. 帮助 bāngzhù
8. 长期 chángqī
9. 刚才 gāngcái
10. 啤酒 píjiǔ
11. 寂寞 jìmò
12. 开放 kāifàng
13. 告别 gàobié
14. 曾经 céngjīng
15. 直接 zhíjiē
16. 亲切 qīnqiè
17. 排球 páiqiú
18. 早饭 zǎofàn
19. 谈话 tánhuà
20. 苹果 píngguǒ

二、

（一）1.

　　Yì zhī xiézi sì rén chuān.

2.

　　B. 四川（Sìchuān）

（二）1.

Huí xiāng ǒu shū（Hè Zhīzhāng）
Shào xiǎo lí jiā lǎo dà huí,
Xiāng yīn wú gǎi bìn máo cuī.
Ér tóng xiāng jiàn bù xiāng shí,
Xiào wèn kè cóng hé chù lái.

三、

（一）1.

（1）Yí ge guówáng hé yí ge shāngrén tóng zuò yì tiáo chuán.
　　一个国王和一个商人同坐一条船。

（2）Shāngrén cónglái méi jiànguo hǎiyáng, yě méiyǒu chángguo zuò chuán de xīnkǔ.
　　商人从来没见过海洋，也没有尝过坐船的辛苦。

（3）Dàjiā yìzhí ānwèi tā, tā háishi kū.
　　大家一直安慰他，他还是哭。

（4）Yí ge rén zǒng yào jīnglìguo tòngkǔ, cái huì zhīdào ānlè de jiàzhí.
　　一个人总要经历过痛苦，才会知道安乐的价值。

2.

ān lè de jià zhí
安乐的价值

　　一个国王和一个商人同坐一条船。那商人从来没见过海洋,也没有尝过坐船的辛苦,一路上,他总是不停地哭,非常害怕。大家一直安慰他,他还是哭。国王被他吵得不能安静,大家也想不出好办法来。

　　船上有一个人站出来,说:"让我试一试,我可以让他安静下来。"国王同意了。那个人没说话,就把商人扔进海里去了。在商人沉浮了几次以后,那个人让人抓住商人的头发,把他拉回船上。上船以后,商人坐在一个角落里,不再作声。

　　国王很高兴,问那个人:"你的方法好在什么地方?"那个人说:"原来商人不知道死的痛苦,体会不到坐在船上有多好,现在知道了。一个人总要经历过痛苦,才会知道安乐的价值。"

(二) 1.

(1) Yǒu liǎng zhī lǎohǔ, yì zhī zài lóngzi li, yì zhī zài yědì li.
　　有两只老虎,一只在笼子里,一只在野地里。

(2) Zài lóngzi li de lǎohǔ sān cān wú yōu, zài wàimian de lǎohǔ zì yóu zì zài.
　　在笼子里的老虎三餐无忧,在外面的老虎自由自在。

(3) Lóngzi li de lǎohǔ zǒngshì xiànmù wàimian lǎohǔ de zìyóu, wàimian de lǎohǔ què xiànmù lóngzi li de lǎohǔ ānyì.
　　笼子里的老虎总是羡慕外面老虎的自由,外面的老虎却羡慕笼子里的老虎安逸。

(4) Yì zhī shì jī'è ér sǐ, yì zhī shì yōuyù ér sǐ.
　　一只是饥饿而死,一只是忧郁而死。

(5) Qíshí xǔduō shíhou, rénmen wǎngwǎng duì zìjǐ de xìngfú shú shì wú dǔ, ér juéde biérén de xìngfú cái shì xìngfú.
　　其实许多时候,人们往往对自己的幸福熟视无睹,而觉得别人的幸福才是幸福。

2.

1. 只 zh	2. 只 zh	3. 只 zh	4. 在 z	5. 在 z
6. 餐 c	7. 在 z	8. 自 z	9. 在 z	10. 总 z
11. 自 z	12. 只 zh	13. 只 zh	14. 咱 z	15. 同 t

16. 走 z	17. 进 j	18. 自 z	19. 走 z	20. 进 j
21. 过 g	22. 久 j	23. 只 zh	24. 都 d	25. 只 zh
26. 饥 j	27. 只 zh	28. 其 q	29. 对 d	30. 睹 d
31. 觉 j	32. 才 c	33. 到 d	34. 对 d	35. 自 z
36. 并 b	37. 不 b			

3.

不合适

有两只老虎,一只在笼子里,一只在野地里。在笼子里的老虎三餐无忧,在外面的老虎自由自在。

笼子里的老虎总是羡慕外面老虎的自由,外面的老虎却羡慕笼子里的老虎安逸。一日,一只老虎对另一只老虎说:"咱们换一换。"另一只老虎同意了。于是笼子里的老虎走进了大自然,野地里的老虎走进了笼子里。但是没过多久,两只老虎都死了。一只是饥饿而死,一只是忧郁而死。

其实许多时候,人们往往对自己的幸福熟视无睹,而觉得别人的幸福才是幸福,却想不到别人的幸福也许对自己并不合适。

第4课

分辨训练

一、

(一) 4.

（1）辞呈 cíchéng　　（2）沼泽 zhǎozé　　（3）滋长 zīzhǎng

（4）族长 zúzhǎng　　（5）尺寸 chǐcùn　　（6）陈醋 chéncù

（7）扫视 sǎoshì　　（8）上色 shàngsè　　（9）四十 sìshí

（10）遵照 zūnzhào　（11）转租 zhuǎnzū　（12）手松 shǒu sōng

（13）财产 cáichǎn　（14）出操 chūcāo　　（15）磁场 cíchǎng

（16）随时 suíshí

附录

（二）4.

（1）送行 sòngxíng　　（2）集资 jízī　　（3）乡思 xiāngsī
（4）从前 cóngqián　　（5）清脆 qīngcuì　　（6）私心 sīxīn
（7）讲座 jiǎngzuò　　（8）习俗 xísú　　（9）自己 zìjǐ
（10）散心 sànxīn　　（11）再见 zàijiàn　　（12）采取 cǎiqǔ
（13）钱财 qiáncái　　（14）其次 qícì　　（15）心思 xīnsī
（16）杂技 zájì

（三）4.

（1）专家 zhuānjiā　　（2）实行 shíxíng　　（3）去处 qùchù
（4）抓紧 zhuājǐn　　（5）假装 jiǎzhuāng　　（6）喜事 xǐshì
（7）长期 chángqī　　（8）吃请 chīqǐng　　（9）实现 shíxiàn
（10）香水 xiāngshuǐ　　（11）清查 qīngchá　　（12）集中 jízhōng
（13）简直 jiǎnzhí　　（14）善心 shànxīn　　（15）生效 shēngxiào
（16）车前 chēqián

二、

1.

（1）cái shū xué qiǎn（才疏学浅）　　（2）cè shēn qí jiān（厕身其间）
（3）chā sān cuò sì（差三错四）　　（4）chì shéng xì zú（赤绳系足）
（5）chū qí zhì shèng（出奇制胜）　　（6）jí zhōng shēng zhì（急中生智）
（7）jiàn zài xián shàng（箭在弦上）　　（8）jiāng jì jiù jì（将计就计）
（9）qióng chú jīn xué（琼厨金穴）　　（10）zhuān xīn zhì zhì（专心致志）

2.

（1）c-sh-x-q　　（2）c-sh-q-j　　（3）ch-s-c-s
（4）ch-sh-x-z　　（5）ch-q-zh-sh　　（6）j-zh-sh-zh
（7）j-z-x-sh　　（8）j-j-j-j　　（9）q-ch-j-x
（10）zh-x-zh-zh

综合练习

一、

1. 操作 cāozuò　　2. 喜事 xǐshì　　3. 奇迹 qíjì
4. 起初 qǐchū　　5. 抓紧 zhuājǐn　　6. 冲撞 chōngzhuàng
7. 照相 zhàoxiàng　　8. 采取 cǎiqǔ　　9. 曾经 céngjīng
10. 善心 shànxīn　　11. 家乡 jiāxiāng　　12. 沼泽 zhǎozé

13. 彩色 cǎisè　　　　14. 讲座 jiǎngzuò　　　15. 汽车 qìchē
16. 长久 chángjiǔ　　 17. 随时 suíshí　　　　18. 财产 cáichǎn
19. 其次 qícì　　　　　20. 甚至 shènzhì

二、

（一）1.

Yí wàn kuài qián chī yí dùn fàn.

2.

A. 贵州（Guìzhōu）

（二）1.

Zǎo fā Báidì Chéng（Lǐ　Bái）

Zhāo cí Báidì cǎi yún jiān,

Qiān lǐ Jiānglíng yí rì huán.

Liǎng àn yuán shēng tí bú zhù,

Qīng zhōu yǐ guò wàn chóng shān.

三、

（一）1.

(1) Yǒu yí ge qǐgài, tā rènshile yí ge hěn qióng de huàjiā.

有一个乞丐，他认识了一个很穷的画家。

(2) Lín sǐ qián, huàjiā sòng gěi qǐgài yì fú huàr, huà de shì yì shuāng dà shǒu hé yì zhāng wēixiào de liǎn.

临死前，画家送给乞丐一幅画儿，画的是一双大手和一张微笑的脸。

(3) Tā jiù kāishǐ děngzhe yǒu yì tiān yòng zhè zhāng huàr mài dà qián.

他就开始等着有一天用这张画儿卖大钱。

(4) Hòulái zhège qǐgài yě sǐ le, tā shì èsǐ de.

后来这个乞丐也死了，他是饿死的。

(5) Cóngcǐ, tā bú zài qǐtǎo le, kāishǐ yòng zìjǐ de shuāng shǒu zhuàn qián.

从此，他不再乞讨了，开始用自己的双手赚钱。

(6) Qíshí, yǒushí cáifù bù yídìng jiù shì jīnqián, tā kěnéng jiù zài wǒmen de shēnbiān, dàn nǐ bù dǒngde qù fāxiàn tā, nàme nǐ kěnéng yíbèizi dōu shì "qióngrén".

其实，有时财富不一定就是金钱，它可能就在我们的身边，但你不懂得去发现它，那么你可能一辈子都是"穷人"。

2.

画儿背后的秘密

从前,有一个乞丐,他认识了一个很穷的画家。不久,画家就病了,临死前,画家送给乞丐一幅画儿,画的是一双大手和一张微笑的脸。乞丐非常高兴,因为他曾听说过一些画家死后出名的事。于是,他就开始等着有一天用这张画儿卖大钱。可是一年过去了,两年过去了,画家一直没有出名。后来这个乞丐也死了,他是饿死的。

有意思的是也有一个乞丐,他也得到了一位画家的画儿,画的内容同样是一双大手和一张微笑的脸。乞丐看懂了这幅画儿。从此,他不再乞讨了,开始用自己的双手赚钱。几年后,他有了房子,有了家庭,有了一张微笑的脸。

其实,有时财富不一定就是金钱,它可能就在我们的身边,但你不懂得去发现它,那么你可能一辈子都是"穷人"。

(二) 1.

(1) Yí ge è hàn láidào fùrén jiā ménkǒu, duì tā shuō: "Wǒ dàile xiē shítou, xiǎng yòng yíxià nǐ de guō zhǔ diǎnr shítoutāng hē."

一个饿汉来到富人家门口,对他说:"我带了些石头,想用一下你的锅煮点儿石头汤喝。"

(2) Yúshì, fùrén ràng tā jìn wū, jiè gěi tā yì kǒu guō.

于是,富人让他进屋,借给他一口锅。

(3) Zhǔ tāng děi jiā shuǐ ba, fùrén gěile tā yìxiē shuǐ. Zhǔ tāng děi jiā yán ba, fùrén yòu gěile tā yìxiē yán. Zhǔ tāng hái xūyào tiáoliào ba, fùrén yòu gěile tā yìxiē tiáoliào.

煮汤得加水吧,富人给了他一些水。煮汤得加盐吧,富人又给了他一些盐。煮汤还需要调料吧,富人又给了他一些调料。

(4) Jiù zhèyàng, è hàn hēshàngle yǒu zī yǒu wèi de tāng.

就这样,饿汉喝上了有滋有味的汤。

(5) Dúle gùshi, yǎn juàn shēnsī.

读了故事,掩卷深思。

(6) Zhǐyào wǒmen rènzhǔn yí ge hélǐ de mùbiāo bìng wèi zhī nǔlì, zài kùnnan miànqián jiù huì shīfàng chū chāocháng de zhìhuì hé qiǎnnéng.

只要我们认准一个合理的目标并为之努力，在困难面前就会释放出超常的智慧和潜能。

2.

1. 家 j	2. 说 sh	3. 些 x	4. 石 sh	5. 想 x	6. 下 x
7. 煮 zh	8. 石 sh	9. 奇 q	10. 石 sh	11. 怎 z	12. 煮 zh
13. 是 sh	14. 进 j	15. 借 j	16. 石 sh	17. 进 j	18. 煮 zh
19. 加 j	20. 水 sh	21. 些 x	22. 水 sh	23. 加 j	24. 些 x
25. 煮 zh	26. 需 x	27. 些 x	28. 就 j	29. 这 zh	30. 上 sh
31. 滋 z	32. 卷 j	33. 深 sh	34. 思 s	35. 觉 j	36. 实 sh
37. 在 z	38. 至 zh	39. 极 j	40. 知 zh	41. 自 z	42. 乞 q
43. 是 sh	44. 是 sh	45. 就 j	46. 想 x	47. 出 ch	48. 煮 zh
49. 石 sh	50. 这 zh	51. 绝 j	52. 主 zh	53. 先 x	54. 是 sh
55. 是 sh	56. 水 sh	57. 最 z	58. 终 zh	59. 上 sh	60. 石 sh
61. 世 sh	62. 事 sh	63. 情 q	64. 总 z	65. 是 sh	66. 只 zh
67. 准 zh	68. 之 zh	69. 在 z	70. 前 q	71. 就 j	72. 释 sh
73. 出 ch	74. 超 ch	75. 常 ch	76. 智 zh	77. 潜 q	

3.

智　慧

一个饿汉来到富人家门口，对他说："我带了些石头，想用一下你的锅煮点儿石头汤喝。"富人很奇怪，石头怎么能煮汤喝？于是富人让他进屋，借给他一口锅。饿汉把石头放进锅里。煮汤得加水吧，富人给了他一些水。煮汤得加盐吧，富人又给了他一些盐。煮汤还需要调料吧，富人又给了他一些调料。就这样，饿汉喝上了有滋有味的汤。

读了故事，掩卷深思，我觉得饿汉实在聪明至极。他知道单凭自己的乞求，富人是不可能给他美味可口的汤喝的，于是他就想出了煮"石头汤"这个绝妙主意，先是得到锅，然后是水、盐、调料。最后终于喝上了美味可口的"石头汤"。

世上的事情,办法总是多于困难。只要我们认准一个合理的目标并为之努力,在困难面前就会释放出超常的智慧和潜能。

第5课
分辨训练

一、

（一）3.
　　（1）燃料 ránliào　　　　（2）凌辱 língrǔ　　　　（3）扰乱 rǎoluàn
　　（4）老人 lǎorén　　　　（5）猎人 lièrén　　　　（6）人力 rénlì
　　（7）烈日 lièrì　　　　　（8）蜡染 làrǎn　　　　　（9）人流 rénliú
　　（10）来人 láirén　　　　（11）来日 láirì　　　　　（12）让路 rànglù
　　（13）容量 róngliàng　　 （14）落日 luòrì　　　　　（15）鹿茸 lùróng
　　（16）让利 rànglì　　　　（17）路人 lùrén　　　　　（18）热恋 rèliàn
　　（19）肉瘤 ròuliú　　　　（20）热烈 rèliè　　　　　（21）认领 rènlǐng
　　（22）人类 rénlèi　　　　（23）例如 lìrú　　　　　　（24）浪人 làngrén

（二）3.
　　（1）放火 fànghuǒ　　　 （2）何妨 héfáng　　　　（3）回复 huífù
　　（4）废话 fèihuà　　　　（5）挥发 huīfā　　　　　（6）分红 fēnhóng
　　（7）风华 fēnghuá　　　 （8）粉红 fěnhóng　　　　（9）风寒 fēnghán
　　（10）活佛 huófó　　　　（11）符号 fúhào　　　　 （12）繁华 fánhuá
　　（13）黄蜂 huángfēng　　（14）富豪 fùháo　　　　 （15）后方 hòufāng
　　（16）飞花 fēihuā　　　 （17）花费 huāfèi　　　　（18）护法 hùfǎ
　　（19）华发 huáfà　　　　（20）寒风 hánfēng　　　 （21）耗费 hàofèi
　　（22）风寒 fēnghán　　　（23）豪富 háofù　　　　 （24）凤凰 fènghuáng

（三）3.
　　（1）发胖 fāpàng　　　　（2）丰沛 fēngpèi　　　　（3）副品 fùpǐn
　　（4）粉皮 fěnpí　　　　 （5）漂浮 piāofú　　　　 （6）发票 fāpiào
　　（7）封皮 fēngpí　　　　（8）反扑 fǎnpū　　　　　（9）奉陪 fèngpéi
　　（10）浮漂 fúpiāo　　　 （11）皮肤 pífū　　　　　 （12）偏方 piānfāng
　　（13）屏风 píngfēng　　 （14）平凡 píngfán　　　 （15）浮萍 fúpíng
　　（16）配方 pèifāng　　　（17）票房 piàofáng　　　（18）贫乏 pínfá
　　（19）破费 pòfèi　　　　（20）贫富 pínfù

二、

1.
（1）fěn hóng hài lǜ（粉红骇绿） （2）fēng hé rì lì（风和日丽）
（3）lìng rén pēn fàn（令人喷饭） （4）liè huǒ hōng léi（烈火轰雷）
（5）hóng lú liáo fà（洪炉燎发） （6）páo fèng pēng lóng（炮凤烹龙）
（7）huā hóng liǔ lǜ（花红柳绿） （8）pān lóng fù fèng（攀龙附凤）
（9）fēng fēng huǒ huǒ（风风火火） （10）hōng hōng liè liè（轰轰烈烈）

2.
（1）f–h–h–l （2）f–h–r–l （3）l–r–p–f
（4）l–h–h–l （5）h–l–l–f （6）p–f–p–l
（7）h–h–l–l （8）p–l–f–f （9）f–f–h–h
（10）h–h–l–l

综合练习

一、

1. 然后 ránhòu 2. 蜡花 làhuā 3. 荣获 rónghuò
4. 软化 ruǎnhuà 5. 来访 láifǎng 6. 发胖 fāpàng
7. 法律 fǎlǜ 8. 环路 huánlù 9. 互谅 hùliàng
10. 忽然 hūrán 11. 欢乐 huānlè 12. 偏离 piānlí
13. 排练 páiliàn 14. 后来 hòulái 15. 冷汗 lěnghàn
16. 配方 pèifāng 17. 犯人 fànrén 18. 飘浮 piāofú
19. 灵活 línghuó 20. 饭盒 fànhé

二、

（一）1.

Táohuā yǒng bú luò.

2.

C. 长春（Chángchūn）

（二）1.

Fēng Qiáo yè bó（Zhāng Jì）

Yuè luò wū tí shuāng mǎn tiān,
Jiāng fēng yú huǒ duì chóu mián.
Gūsū Chéng wài Hánshān Sì,
Yè bàn zhōng shēng dào kè chuán.

附录

三、

（一）1.

(1) Yé cì huí lǎojiā, hé jiāxiāng de yí ge nóngmín xiōngdi xiánliáo.
一次回老家，和家乡的一个农民兄弟闲聊。

(2) Nǐmen zài wàimian chī yí dùn yào huā duōshao qián na?
你们在外面吃一顿要花多少钱哪？

(3) Wǒ bǎoshǒu de shuō: "Sān-sì bǎi yuán ba."
我保守地说："三四百元吧。"

(4) Wǒ de xīn měng de yì chén, wèn zěnme zhèyàng suàn ne?
我的心猛地一沉，问怎么这样算呢？

(5) Wǒmen zhòng yì mǔ màizi, gǎnshàng fēng tiáo yǔ shùn de niánjǐng, chúqù zhǒngzi、huàféi、nóngyào děng huāxiāo, láodònglì bù shuō, měi mǔ dì yě jiù shōurù yìbǎi yuán.
我们种一亩麦子，赶上风调雨顺的年景，除去种子、化肥、农药等花销，劳动力不说，每亩地也就收入100元。

(6) Zhè bú shì yí dùn fàn jiù yào yòngdiào sān-sì mǔ màizi de qián ma?
这不是一顿饭就要用掉三四亩麦子的钱吗？

2.

换位思考

一次回老家，和家乡的一个农民兄弟闲聊。他突然问道："你们在外面吃一顿要花多少钱哪？"我保守地说："三四百元吧。""哦，三四亩麦子的钱呢。"我的心猛地一沉，问怎么这样算呢？他回答："我们种一亩麦子，赶上风调雨顺的年景，除去种子、化肥、农药等花销，劳动力不说，每亩地也就收入100元。这不是一顿饭就要用掉三四亩麦子的钱吗？"

一算账，我竟一时无话可说。

（二）1.

(1) Línjū shì wèi hěn yōuxiù de yuányìshī, tuìxiū hòu tā de mùbiāo shì bǎ nà jìn shí mǔ de dà yuànzi láozuò chéng yí piàn shùlín.
邻居是位很优秀的园艺师，退休后他的目标是把那近10亩的大院子劳作成一片树林。

(2) Wǒ fāxiàn tā zāizhí de měi kē shùmiáo dōu hěn shǎo jiāo shuǐ, jiù bàn kāi wánxiào de shuō: "Nǐ kě bù néng zhǐ qiú shùliàng bú yào zhìliàng nga!"

我发现他栽植的每棵树苗都很少浇水，就半开玩笑地说："你可不能只求数量不要质量啊！"

(3) Tāmen jiù yào wánqiáng bù xī de bǎ zìjǐ de gēnxū shēnrù tǔrǎng de shēncéng.

它们就要顽强不息地把自己的根须伸入土壤的深层。

(4) Rìzi yì tiāntiān guòqù le, nà yí dà piàn shùlín, kēkē zhī fán yè mào.

日子一天天过去了，那一大片树林，棵棵枝繁叶茂。

(5) Rúguǒ dāngchū lǎo yuányìshī bǎ shuǐ jiāo de zúzú de, nàme shùmiáo de gēn jiù lǎnde zài shēnrù dìxià jíqǔ shuǐfèn, gēnbù jiù huì zhǎng de yòu xì yòu duǎn, cóng'ér yǐngxiǎng fāyù.

如果当初老园艺师把水浇得足足的，那么树苗的根就懒得再深入地下汲取水分，根部就会长得又细又短，从而影响发育。

(6) Yǒudiǎnr zuòzhé shì fú.

有点儿挫折是福。

2.
1.邻 l	2.很 h	3.劳 l	4.片 p	5.林 l	6.发 f
7.量 l	8.量 l	9.分 f	10.日 r	11.片 p	12.林 l
13.繁 f	14.律 l	15.老 l	16.懒 l	17.发 f	18.福 f

3.

生命之水

邻居是位很优秀的园艺师，退休后他的目标是把那近10亩的大院子劳作成一片树林。

我发现他栽植的每棵树苗都很少浇水，就半开玩笑地说："您可不能只求数量不要质量啊！"他笑着说："我少给树苗浇水，它们才能感觉到水分的可贵；为了得到更多的水，它们就要顽强不息地把自己的根须伸入土壤的深层，而这正是我想要的。"

日子一天天过去了，那一大片树林，棵棵枝繁叶茂。我突然明白了，"根深才能叶茂"——自然界的规律。

试想，如果当初老园艺师把水浇得足足的，那么树苗的根就懒得再深入地下汲取水分，根部就会长得又细又短,从而影响发育……所以"有点儿挫折是福"的说法也是不无道理的。

第6课
分辨训练

一、

(一) 3.

　　(1) 恶魔 èmó　　　　(2) 折磨 zhémó　　　　(3) 热播 rèbō
　　(4) 般若 bōrě　　　　(5) 摹刻 mókè　　　　　(6) 末车 mòchē
　　(7) 叵测 pǒcè　　　　(8) 隔膜 gémó　　　　　(9) 胳膊 gēbo
　　(10) 博得 bódé　　　 (11) 刻薄 kèbó　　　　　(12) 墨盒 mòhé

(二) 3.

　　(1) 估计 gūjì　　　　(2) 比如 bǐrú　　　　　(3) 护理 hùlǐ
　　(4) 低估 dīgū　　　　(5) 不必 búbì　　　　　(6) 礼物 lǐwù
　　(7) 积木 jīmù　　　　(8) 迷路 mílù　　　　　(9) 故地 gùdì
　　(10) 如期 rúqī　　　 (11) 入席 rùxí　　　　　(12) 歧途 qítú

(三) 3.

　　(1) 预习 yùxí　　　　(2) 律己 lǜjǐ　　　　　(3) 必须 bìxū
　　(4) 女气 nǚqì　　　　(5) 谜语 míyǔ　　　　　(6) 机遇 jīyù
　　(7) 拘泥 jūní　　　　(8) 预计 yùjì　　　　　(9) 曲艺 qǔyì
　　(10) 喜剧 xǐjù　　　 (11) 其余 qíyú　　　　　(12) 集聚 jíjù

(四) 3.

　　(1) 不许 bùxǔ　　　　(2) 住居 zhùjū　　　　　(3) 处于 chǔyú
　　(4) 旅途 lǚtú　　　　(5) 苦于 kǔyú　　　　　(6) 入狱 rùyù
　　(7) 谱曲 pǔ qǔ　　　 (8) 主语 zhǔyǔ　　　　　(9) 驱逐 qūzhú
　　(10) 去路 qùlù

二、

1.

　　(1) má bì dà yì (麻痹大意)　　　　(2) bó wù xì gù (薄物细故)
　　(3) bó gē jì wǔ (伯歌季舞)　　　　(4) bù jí bù lí (不即不离)
　　(5) bú jì qí shù (不计其数)　　　　(6) lǔ yú dì hǔ (鲁鱼帝虎)
　　(7) wú jū wú shù (无拘无束)　　　　(8) bù kě qǐ jí (不可企及)
　　(9) bù qī ér yù (不期而遇)　　　　(10) bú yì lè hū (不亦乐乎)

2.

（1）a–i–a–i　　　　（2）o–u–i–u　　　　（3）o–e–i–u
（4）u–i–u–i　　　　（5）u–i–i–u　　　　（6）u–ü–i–u
（7）u–ü–u–u　　　　（8）u–e–i–i　　　　（9）u–i–er–ü
（10）u–i–e–u

综合练习

一、
1. 骨骼 gǔgé　　　2. 祝福 zhùfú　　　3. 复课 fùkè
4. 胳膊 gēbo　　　5. 几乎 jīhū　　　6. 腊八 Làbā
7. 闸盒 zháhé　　　8. 稀疏 xīshū　　　9. 法律 fǎlǜ
10. 古朴 gǔpǔ　　　11. 刻苦 kèkǔ　　　12. 科普 kēpǔ
13. 机车 jīchē　　　14. 拔除 báchú　　　15. 马裤 mǎkù
16. 打卡 dǎkǎ　　　17. 爬坡 pápō　　　18. 努力 nǔlì
19. 特殊 tèshū　　　20. 暑期 shǔqī

二、

（一）1.
　　Yì nián qìngzhù liǎng cì.

2.
　　A. 重庆（Chóngqìng）

（二）1.
　　Mù jiāng yín（Bái Jūyì）
　　Yí dào cán yáng pū shuǐ zhōng,
　　Bàn jiāng sè sè bàn jiāng hóng.
　　Kě lián Jiǔ yuè chū sān yè,
　　Lù sì zhēn zhū yuè sì gōng.

三、

（一）1.
（1）Yǒu sān ge rén yào bèi guānjìn jiānyù sān nián, yùzhǎng kěyǐ mǎnzú tāmen yì rén yí ge yāoqiú.
　　有三个人要被关进监狱三年，狱长可以满足他们一人一个要求。
（2）Dì-yī ge rén xǐhuan chōuyān, tā yàole sān xiāng yān. Dì-èr ge rén xǐhuan làngmàn, tā yàole yí ge měilì de gūniang. Dì-sān ge rén xǐhuan zuò shēngyi,

tā yàole yí bù yǔ wàijiè gōutōng de diànhuà.

第一个人喜欢抽烟,他要了三箱烟。第二个人喜欢浪漫,他要了一个美丽的姑娘。第三个人喜欢做生意,他要了一部与外界沟通的电话。

(3) Sān nián guòqù le, dì-yī ge rén chūlái shí, shǒu li, bíkǒng li dōu shì yān.

三年过去了,第一个人出来时,手里、鼻孔里都是烟。

(4) Dì-sān ge rén chūlái hòu, tā jǐnjǐn de wòzhù yùzhǎng de shǒu shuō: "Zhè sān nián lái, wǒ měi tiān yòng diànhuà liánxì, wǒ de shēngyi, búdàn méiyǒu tíng, érqiě zēngzhǎngle bǎi fēnzhī wǔshí. Wèile gǎnxiè nǐ, wǒ juédìng sòng nǐ yí liàng háohuá qìchē."

第三个人出来后,他紧紧地握住狱长的手说:"这三年来,我每天用电话联系,我的生意,不但没有停,而且增长了50%。为了感谢你,我决定送你一辆豪华汽车。"

(5) Shénmeyàng de xuǎnzé juédìng shénmeyàng de shēnghuó.

什么样的选择决定什么样的生活。

2.

怎样选择生活

有三个人要被关进监狱三年,狱长可以满足他们一人一个要求。第一个人喜欢抽烟,他要了三箱烟。第二个人喜欢浪漫,他要了一个美丽的姑娘。第三个人喜欢做生意,他要了一部与外界沟通的电话。

三年过去了,第一个人出来时,手里、鼻孔里都是烟,大声说:"给我火,给我火!"原来他忘了要打火机了。第二个人出来时,怀里抱着一个孩子,美丽的女子拉着两个孩子。第三个人出来后,他紧紧地握住狱长的手说:"这三年来,我每天用电话联系,我的生意,不但没有停,而且增长了50%。为了感谢你,我决定送你一辆豪华汽车。"

这个故事告诉我们,什么样的选择决定什么样的生活。今天的生活是由三年前的选择决定的,而今天我们的选择将决定我们三年后的生活。

(二) 1.

(1) Yí wèi zì yǐwéi shì bó xué duō cái de qīngnián yīn dé bú dào zhòngyòng, fēicháng kǔnǎo.

一位自以为是博学多才的青年因得不到重用,非常苦恼。

(2) Shàngdì cóng lù biān suíbiàn jiǎnqǐ yí kuài xiǎo shízǐ, yòu suíbiàn rēngle chūqù.
上帝从路边随便捡起一块小石子,又随便扔了出去。

(3) "Bù néng." Qīngnián yáole yáo tóu.
"不能。"青年摇了摇头。

(4) Shàngdì bǎ shǒuzhǐ shang de jīn jièzhi qǔ xiàlái, rēngdào shízǐduī zhōng qù.
上帝把手指上的金戒指取下来,扔到石子堆中去。

(5) Qīngnián yóuyùle yízhèn, xīngfèn de huídá: "Míngbai le."
青年犹豫了一阵,兴奋地回答:"明白了。"

(6) Dāng yí ge rén bàoyuàn zìjǐ huái cái bú yù shí, xǔduō de qíngkuàng qiàqià shì: tā búguò shì yí kuài xiǎo shízǐ, ér yuǎnyuǎn bú shì yí kuài jīnzi.
当一个人抱怨自己怀才不遇时,许多的情况恰恰是:他不过是一块小石子,而远远不是一块金子。

2.

1. 一 i	2. 以 i	3. 博 o	4. 的 e	5. 得 e	6. 不 u
7. 苦 u	8. 帝 i	9. 么 e	10. 如 u	11. 不 u	12. 帝 i
13. 路 u	14. 起 i	15. 一 i	16. 了 e	17. 出 u	18. 去 ü
19. 你 i	20. 出 u	21. 去 ü	22. 的 e	23. 子 -i	24. 不 u
25. 了 e	26. 帝 i	27. 的 e	28. 取 ü	29. 子 -i	30. 去 ü
31. 你 i	32. 出 u	33. 去 ü	34. 的 e	35. 了 e	36. 你 i
37. 了 e	38. 豫 ü	39. 了 e	40. 一 i	41. 地 e	42. 了 e
43. 其 i	44. 实 -i	45. 一 i	46. 己 i	47. 不 u	48. 遇 ü
49. 时 -i	50. 许 ü	51. 的 e	52. 是 -i	53. 他 a	54. 不 u
55. 是 -i	56. 一 i	57. 子 -i	58. 不 u	59. 是 -i	60. 一 i
61. 子 -i					

3.

正视自己

一位自以为是博学多才的青年因得不到重用,非常苦恼,他质问上帝,命运为什么对他如此不公。

上帝从路边随便捡起一块小石子,又随便扔了出去,问青年:"你能找到我刚才扔出去的那块石子吗?""不能。"青年摇了摇头。上帝把手指上的金戒指取下来,扔到石子堆中去,又问青年:"你能找到我刚才扔出去的金戒指吗?""能。"果然,青年没多久就找到了金戒指。"你现在明白了吗?"青年犹豫了一阵,兴奋地回答:"明白了。"

其实,当一个人抱怨自己怀才不遇时,许多的情况恰恰是:他不过是一块小石子,而远远不是一块金子。

第7课

分辨训练

一、

(一) 3.

（1）下跌 xiàdiē　　（2）白费 báifèi　　（3）败类 bàilèi

（4）内宅 nèizhái　　（5）被袋 bèidài　　（6）铁甲 tiějiǎ

（7）海内 hǎinèi　　（8）下列 xiàliè　　（9）内海 nèihǎi

（10）背带 bēidài　　（11）接洽 jiēqià　　（12）野鸭 yěyā

（13）爱美 ài měi　　（14）接驾 jiējià　　（15）加倍 jiābèi

（16）家业 jiāyè

(二) 3.

（1）好手 hǎoshǒu　　（2）花朵 huāduǒ　　（3）到头 dàotóu

（4）国花 guóhuā　　（5）活化 huóhuà　　（6）多寡 duōguǎ

（7）倭瓜 wōguā　　（8）挂果 guàguǒ　　（9）挂火 guàhuǒ

（10）口号 kǒuhào　　（11）包头 bāotóu　　（12）酬报 chóubào

（13）毛豆 máodòu　　（14）周到 zhōudào　　（15）抓获 zhuāhuò

（16）头套 tóutào

(三) 3.

（1）外汇 wàihuì　　（2）快嘴 kuàizuǐ　　（3）交流 jiāoliú

（4）小球 xiǎoqiú　　（5）快慰 kuàiwèi　　（6）怪罪 guàizuì

（7）小妞 xiǎoniū　　（8）就教 jiùjiào　　（9）毁坏 huǐhuài

（10）诡怪 guǐguài　　（11）丢掉 diūdiào　　（12）药酒 yàojiǔ

（13）鬼怪 guǐguài　　（14）嘴快 zuǐkuài　　（15）遛鸟 liù niǎo

（16）酒药 jiǔyào

二、

1.
（1）shuǐ guò yā bèi（水过鸭背）　　（2）shuō hēi dào bái（说黑道白）
（3）kāi huā jié guǒ（开花结果）　　（4）niè shǒu niè jiǎo（蹑手蹑脚）
（5）jiāo róu zào zuò（矫揉造作）　　（6）hǎo shuō dǎi shuō（好说歹说）
（7）huā shuō liǔ dào（花说柳道）　　（8）kǒu bēi zài dào（口碑载道）
（9）shuǐ luò guī cáo（水落归槽）　　（10）guǐ tóu guǐ nǎo（鬼头鬼脑）

2.
（1）ui–uo–ia–ei　　（2）uo–ei–ao–ai　　（3）ai–ua–ie–uo
（4）ie–ou–ie–iao　　（5）iao–ou–ao–uo　　（6）ao–uo–ai–uo
（7）ua–uo–iu–ao　　（8）ou–ei–ai–ao　　（9）ui–uo–ui–ao
（10）ui–ou–ui–ao

综合练习

一、
1. 爱好 àihào　　2. 回跌 huídiē　　3. 好多 hǎoduō　　4. 抓获 zhuāhuò
5. 背包 bēibāo　　6. 条规 tiáoguī　　7. 外表 wàibiǎo　　8. 握手 wòshǒu
9. 口才 kǒucái　　10. 流派 liúpài　　11. 微笑 wēixiào　　12. 冒昧 màomèi
13. 牙雕 yádiāo　　14. 走高 zǒugāo　　15. 了解 liáojiě　　16. 加油 jiāyóu
17. 友好 yǒuhǎo　　18. 陪练 péiliàn　　19. 野菜 yěcài　　20. 节略 jiélüè

二、

（一）1.
Bú pà qiāng, bú pà dāo, jiù pà fēng guāduànle yāo.

2.
C. 烟（yān）

（二）1.

Yè sù shān sì（Lǐ Bái）
Wēi lóu gāo bǎi chǐ,
Shǒu kě zhāi xīng chén.
Bù gǎn gāo shēng yǔ,
Kǒng jīng tiān shang rén.

三、

（一）1.

(1) Érzi zài wàidì yì jiā bīnguǎn dāng fúwùyuán, gōngzuò ràng lǎobǎn hěn bù mǎnyì, lǎobǎn dǎsuàn cítuì tā.

儿子在外地一家宾馆当服务员，工作让老板很不满意，老板打算辞退他。

(2) Péngyou gàosu tā, lǎobǎn yǐjīng gǎibiàn zhǔyi le. Péngyou shuō, shì yì wǎn càitāng gǎibiànle tā de mìngyùn.

朋友告诉他，老板已经改变主意了。朋友说，是一碗菜汤改变了他的命运。

(3) Yí duì xīnhūn fūfù zài nàli dìngle jǐ zhuō jiǔxí.

一对新婚夫妇在那里订了几桌酒席。

(4) Tā zài shàng cài shí, yóuyú kèrén hēzuì le, bǎ jiǔ sǎ zài dìshang, hái méi cā gānjìng, tā zhènghǎo duānzhe yì wǎn rè tāng jìnlái, jiǎo xià yì huá, yǎnkàn tāngwǎn jiù yào huá xiàng gùkè, tā jímáng bǎ tuōpán dǎoxiàng zìjǐ.

他在上菜时，由于客人喝醉了，把酒洒在地上，还没擦干净，他正好端着一碗热汤进来，脚下一滑，眼看汤碗就要滑向顾客，他急忙把托盘倒向自己。

(5) Lǎobǎn bèi gǎndòng le, juédìng jìxù yòng tā.

老板被感动了，决定继续用他。

2.

自己才能救自己

儿子在外地一家宾馆当服务员，工作让老板很不满意，老板打算辞退他。父亲很着急，赶快找朋友想想办法。朋友告诉他，老板已经改变主意了。朋友说，是一碗菜汤改变了他的命运。

一天晚上，一对新婚夫妇在那里订了几桌酒席。他在上菜时，由于客人喝醉了，把酒洒在地上，还没擦干净，他正好端着一碗热汤进来，脚下一滑，眼看汤碗就要滑向顾客，他急忙把托盘倒向自己，一碗热汤都洒在他身上……正好被路过这里的老板看见了，老板被感动了，决定继续用他。

原来是这样，父亲为儿子高兴。其实真正能改变自己的不是别人，而是自己。

(二) 1.

(1) Qīngchén, shāmò zhōng de xiǎochóngmen zǎozǎo qǐchuáng, dǎkāi fángmén, yì zhī jiē yì zhī de cóng shāqiū dǐbù tāmen de jiā pá shànglái.
清晨,沙漠中的小虫们早早起床,打开房门,一只接一只地从沙丘底部它们的家爬上来。

(2) Xiǎochóngmen zài shāqiū dǐng shang lièduì, yí dà pái de lìqǐ shēnzi, bǎ tāmen guānghuá de bèijiǎ duìzhe tóng yí ge fāngxiàng.
小虫们在沙丘顶上列队,一大排地立起身子,把它们光滑的背甲对着同一个方向。

(3) Zài tàiyáng hái méiyǒu shēng qǐlái de shíhou, huì yǒu yízhèn qīngfēng cóng zhège fāngxiàng chuīlái, fǔguo shāqiū de biǎomiàn, páshàng xiǎochóngr de shēntǐ.
在太阳还没有升起来的时候,会有一阵清风从这个方向吹来,抚过沙丘的表面,爬上小虫儿的身体。

(4) Xiǎochóngr cháng shíjiān yí dòng bú dòng, zài tāmen de bèijiǎ shang yě qiāoqiāo de níngqǐle shuǐzhū, zhè shì chénfēng dàilái de jǐn yǒu de yìdiǎnr shīrùn.
小虫儿长时间一动不动,在它们的背甲上也悄悄地凝起了水珠,这是晨风带来的仅有的一点儿湿润。

(5) Shuǐzhū yuè jù yuè dà, zhōngyú chéngle yì dī shuǐdī.
水珠越聚越大,终于成了一滴水滴。

(6) Shuǐdī liúguo tāmen de bózi、nǎodai、bízi, zuìhòu, liúdào tāmen de zuǐ biān, chéngle xiǎoxiǎo de jiǎqiàochóngmen yì tiān lài yǐ wéixì shēngmìng de gānlù.
(水滴)流过它们的脖子、脑袋、鼻子,最后,流到它们的嘴边,成了小小的甲壳虫们一天赖以维系生命的甘露。

(7) Zhè shì xiǎochóngmen měi tiān yídìng yào zuò de qiú shuǐ huódòng, tāmen kàozhe zhè yì dī xiǎo shuǐdī yí cìcì de yánxùzhe zìjǐ de shēngmìng.
这是小虫们每天一定要做的求水活动,它们靠着这一滴小水滴一次次地延续着自己的生命。

2.

1. 小 iao	2. 早 ao	3. 早 ao	4. 开 ai	5. 接 ie
6. 丘 iu	7. 家 ia	8. 来 ai	9. 在 ai	10. 丘 iu
11. 列 ie	12. 队 ui	13. 排 ai	14. 滑 ua	15. 背 ei
16. 甲 ia	17. 对 ui	18. 在 ai	19. 太 ai	20. 还 ai
21. 没 ei	22. 有 iou	23. 候 ou	24. 会 ui	25. 有 iou
26. 吹 ui	27. 来 ai	28. 过 uo	29. 丘 iu	30. 表 iao

31. 小 iao	32. 小 iao	33. 在 ai	34. 背 ei	35. 甲 ia
36. 也 ie	37. 悄 iao	38. 悄 iao	39. 水 ui	40. 带 ai
41. 来 ai	42. 有 iou	43. 水 ui	44. 越 üe	45. 越 üe
46. 水 ui	47. 水 ui	48. 小 iao	49. 背 ei	50. 流 iu
51. 下 ia	52. 来 ai	53. 流 iu	54. 过 uo	55. 脑 ao
56. 袋 ai	57. 最 ui	58. 后 ou	59. 流 iu	60. 到 ao
61. 嘴 ui	62. 小 iao	63. 小 iao	64. 甲 ia	65. 赖 ai
66. 维 uei	67. 小 iao	68. 每 ei	69. 要 iao	70. 做 uo
71. 求 iu	72. 水 ui	73. 活 uo	74. 靠 ao	75. 小 iao
76. 水 ui	77. 小 iao	78. 为 uei	79. 水 ui	80. 要 iao
81. 活 uo	82. 水 ui	83. 在 ai	84. 丘 iu	85. 我 uo
86. 手 ou	87. 背 ei	88. 有 iou	89. 水 ui	90. 流 iu
91. 过 uo				

3.

生命的延续

　　清晨，沙漠中的小虫们早早起床，打开房门，一只接一只地从沙丘底部它们的家爬上来，在沙丘顶上列队，一大排地立起身子，把它们光滑的背甲对着同一个方向。在太阳还没有升起的时候，会有一阵清风从这个方向吹来，抚过沙丘的表面，爬上小虫儿的身体。小虫儿长时间一动不动，在它们的背甲上也悄悄地凝起了水珠，这是晨风带来的仅有的一点儿湿润。水珠越聚越大，终于成了一滴水滴。水滴从小虫儿的背上流下来，流过它们的脖子、脑袋、鼻子，最后，流到它们的嘴边，成了小小的甲壳虫们一天赖以维系生命的甘露。

　　这是小虫们每天一定要做的求水活动，它们靠着这一滴小水滴一次次地延续着自己的生命。

　　小虫儿仅仅为了一滴水，一滴要活命的水，静静地在沙丘上立起，人呢？我伸手摸摸自己的脊背，希望能发现有水流过的痕迹。

第8课

分辨训练

一、

（一）3.

（1）近前 jìnqián　　（2）犯人 fànrén　　（3）深山 shēnshān
（4）变心 biànxīn　　（5）感人 gǎnrén　　（6）山门 shānmén
（7）点心 diǎnxīn　　（8）现金 xiànjīn　　（9）分散 fēnsàn
（10）人犯 rénfàn　　（11）斑痕 bānhén　　（12）前进 qiánjìn
（13）信件 xìnjiàn　　（14）门板 ménbǎn　　（15）金莲 jīnlián
（16）今年 jīnnián

（二）3.

（1）元勋 yuánxūn　　（2）晕圈 yùnquān　　（3）乱伦 luànlún
（4）传闻 chuánwén　　（5）专文 zhuānwén　　（6）存款 cúnkuǎn
（7）军权 jūnquán　　（8）寸断 cùnduàn　　（9）晚婚 wǎnhūn
（10）轮换 lúnhuàn　　（11）温暖 wēnnuǎn　　（12）援军 yuánjūn

（三）4.

（1）正方 zhèngfāng　　（2）听讲 tīngjiǎng　　（3）正常 zhèngcháng
（4）阳平 yángpíng　　（5）长城 Chángchéng　　（6）象形 xiàngxíng
（7）上层 shàngcéng　　（8）生长 shēngzhǎng　　（9）冷烫 lěngtàng
（10）评奖 píngjiǎng　　（11）方正 fāngzhèng　　（12）形象 xíngxiàng
（13）长生 chángshēng　　（14）王朝 wángcháo　　（15）影响 yǐngxiǎng
（16）蓊郁 wěngyù　　（17）详情 xiángqíng　　（18）瓮城 wèngchéng
（19）讲评 jiǎngpíng　　（20）忘掉 wàngdiào

二、

1.

（1）àn jiàn shāng rén（暗箭伤人）　　（2）bǎn shàng dìng dīng（板上钉钉）
（3）jiān chéng qián jìn（兼程前进）　　（4）chén hūn dìng xǐng（晨昏定省）
（5）càng xīn bìng kuáng（丧心病狂）　　（6）chéng huáng chéng kǒng（诚惶诚恐）
（7）chūn fēng mǎn miàn（春风满面）　　（8）dǎn zhàn xīn jīng（胆战心惊）
（9）lěng yǎn páng guān（冷眼旁观）　　（10）fēng yún biàn huàn（风云变幻）

2.

（1）an-ian-ang-en　　（2）an-ang-ing-ing　　（3）ian-eng-ian-in
（4）en-un-ing-ing　　（5）ang-in-ing-uang　　（6）eng-uang-eng-ong

（7）un–eng–an–ian　　（8）an–an–in–ing　　（9）eng–ian–ang–uan
（10）eng–ün–ian–uan

综合练习

一、

1. 安静 ānjìng
2. 问卷 wènjuàn
3. 本能 běnnéng
4. 运转 yùnzhuǎn
5. 研判 yánpàn
6. 原本 yuánběn
7. 因循 yīnxún
8. 当今 dāngjīn
9. 应允 yīngyǔn
10. 掌管 zhǎngguǎn
11. 晚餐 wǎncān
12. 等同 děngtóng
13. 忘情 wàngqíng
14. 装扮 zhuāngbàn
15. 文凭 wénpíng
16. 阳光 yángguāng
17. 感动 gǎndòng
18. 干练 gànliàn
19. 愿望 yuànwàng
20. 难点 nándiǎn

二、

（一）1.

Dàjiě yì liǎn bā.

2.

A. 核桃（hétao）

（二）1.

Wàng Lú Shān pù bù（Lǐ Bái）

Rì zhào Xiānglú shēng zǐ yān,

Yáo kàn pù bù guà qián chuān.

Fēi liú zhí xià sān qiān chǐ,

Yí shì yín hé luò jiǔ tiān.

三、

（一）1.

（1）Fùdú yì nián, wǒ réng méi kǎoshàng dàxué.

复读一年，我仍没考上大学。

（2）Měi tiān zhōngwǔ wǒ qù shìchǎng gěi mǔqīn sòng fàn, dōu kànjiàn tā duì gùkè hěn rèqíng.

每天中午我去市场给母亲送饭，都看见她对顾客很热情。

（3）Yǒu tiān zhōngwǔ, mǔqīn shuō tā yǒu shì, ràng wǒ bāng tā mài cài.

有天中午，母亲说她有事，让我帮她卖菜。

(4) Kě zhè dìshang de cài, dào míngtiān jiù bù xīnxiān le, yǒude huì làndiào, yīnggāi mǎshàng màidiào.

可这地上的菜,到明天就不新鲜了,有的会烂掉,应该马上卖掉。

(5) Zuò rén yě yíyàng, yào xiǎng yǒu qiántú, jiù yào chèn niánqīng duō nǔlì.

做人也一样,要想有前途,就要趁年轻多努力。

(6) Hòulái wǒ cái zhīdào, qíshí nà tiān mǔqīn gēnběn méiyǒu shì.

后来我才知道,其实那天母亲根本没有事。

(7) Cóngcǐ mài cài de zhéxué jiù yǒngyuǎn jì zài wǒ de xīnli.

从此卖菜的哲学就永远记在我的心里。

2.

不能等待

复读一年,我仍没考上大学。母亲很少说话,每天清早起床,买菜、洗菜、卖菜……每天中午我去市场给母亲送饭,都看见她对顾客很热情,所以,母亲的菜总是第一个卖完。

有天中午,母亲说她有事,让我帮她卖菜。天快黑时,母亲回来了,看到菜摊上还有很多菜,母亲不高兴地说:"你不是一个卖菜的,我也不愿让你做一个卖菜的。可这地上的菜,到明天就不新鲜了,有的会烂掉,应该马上卖掉。做人也一样,要想有前途,就要趁年轻多努力……"我的心猛然一动。

一年后,我考上了大学。后来我才知道,其实那天母亲根本没有事。从此卖菜的哲学就永远记在我的心里。

(二) 1.

(1) Měi rén xīnzhōng dōu yǒu bǎ "kuàilè de yàoshi", dàn wǒmen què cháng zài bù zhī bù jué zhōng bǎ tā jiāo gěi biérén zhǎngguǎn.

每人心中都有把"快乐的钥匙",但我们却常在不知不觉中把它交给别人掌管。

(2) Yí wèi nǚshì bàoyuàn dào: "Wǒ huó de hěn bú kuàilè, yīnwèi xiānsheng cháng chūchāi bú zài jiā."

一位女士抱怨道:"我活得很不快乐,因为先生常出差不在家。"

(3) Yí ge nánrén shuō : "Shàngsi bù shǎngshí wǒ, suǒyǐ wǒ qíngxù dīluò!" Zhè bǎ kuàilè de yàoshi bèi sāi zài lǎobǎn shǒu li.

一个男人说:"上司不赏识我,所以我情绪低落!"这把快乐的钥匙被塞在老板手里。

(4) Zhèxiē rén dōu zuòle xiāngtóng de juédìng, jiù shì ràng biérén lái kòngzhì zìjǐ.

这些人都做了相同的决定,就是让别人来控制自己。

(5) Yí wèi zuòjiā hé péngyou zài bàotān shang mǎi bàozhǐ. Miàn duì péngyou lǐmào de shuō shēng xièxie, bàofàn què lěngbīngbīng de bù shuō huà.

一位作家和朋友在报摊上买报纸。面对朋友礼貌地说声谢谢,报贩却冷冰冰地不说话。

(6) Yí ge chéngshú de rén wòzhù zìjǐ kuàilè de yàoshi, tā bù qīdài biérén shǐ tā kuàilè, fǎn'ér néng bǎ kuàilè yǔ xìngfú dài gěi biérén.

一个成熟的人握住自己快乐的钥匙,他不期待别人使他快乐,反而能把快乐与幸福带给别人。

2.

1. 人 en	2. 心 in	3. 中 ong	4. 但 an	5. 常 ang
6. 中 ong	7. 人 en	8. 掌 ang	9. 管 uan	10. 怨 üan
11. 很 en	12. 因 in	13. 先 ian	14. 生 eng	15. 常 ang
16. 放 ang	17. 先 ian	18. 生 eng	19. 听 ing	20. 很 en
21. 生 eng	22. 中 ong	23. 男 an	24. 人 en	25. 上 ang
26. 赏 ang	27. 情 ing	28. 板 an	29. 人 en	30. 相 iang
31. 同 ong	32. 定 ing	33. 让 ang	34. 控 ong	35. 朋 eng
36. 摊 an	37. 上 ang	38. 面 ian	39. 朋 eng	40. 声 eng
41. 贩 an	42. 冷 eng	43. 冰 ing	44. 冰 ing	45. 问 uen
46. 很 en	47. 朋 eng	48. 天 ian	49. 晚 uan	50. 上 ang
51. 样 iang	52. 什 en	53. 朋 eng	54. 什 en	55. 让 ang
56. 定 ing	57. 行 ing	58. 成 eng	59. 人 en	60. 人 en
61. 反 an	62. 能 eng	63. 幸 ing	64. 人 en	

3.

掌握自己的快乐

每人心中都有把"快乐的钥匙",但我们却常在不知不觉中把它交给别人掌管。

一位女士抱怨道:"我活得很不快乐,因为先生常出差不在家。"她把快乐的钥匙放在先生手里。一位妈妈说："我的孩子不听话,叫我很生气！"她把钥匙交在孩子手中。一个男人说："上司不赏识我,所以我情绪低落！"这把快乐的钥匙被塞在老板手里。这些人都做了相同的决定,就是让别人来控制自己。

一位作家和朋友在报摊上买报纸。面对朋友礼貌地说声谢谢,报贩却冷冰冰地不说话。作家问："他的态度很差,是不是？"朋友说："他每天晚上都是这样。""那你为什么还对他那么客气？"朋友说："为什么我要让他决定我的行为？"

一个成熟的人握住自己快乐的钥匙,他不期待别人使他快乐,反而能把快乐与幸福带给别人。

第9课
分辨训练

一、

5.

（1）B. 练习 liànxi　　　（2）B. 孙子 sūnzi　　　（3）A. 报告 bàogào

（4）A. 合计 héjì　　　（5）B. 大意 dàyi　　　（6）A. 莲子 liánzǐ

（7）B. 地道 dìdao　　　（8）A. 把手 bǎshǒu　　　（9）A. 兄弟 xiōngdì

（10）B. 报酬 bàochou　　（11）B. 过年 guònian　　（12）A. 包含 bāohán

（13）B. 东西 dōngxi　　（14）A. 光华 guānghuá　　（15）A. 褒贬 bāobiǎn

二、

7.

（1）你是谁呀？　　　　　　　　Nǐ shì shuí ya?

（2）天真冷啊！　　　　　　　　Tiān zhēn lěng nga!

（3）你做得不对呀！　　　　　　Nǐ zuò de bú duì ya!

（4）电话打不通啊！　　　　　　Diànhuà dǎ bù tōng nga!

（5）你快跳哇？　　　　　　　　Nǐ kuài tiào wa?

（6）我这是第一次啊！　　　　　Wǒ zhè shì dì-yī cì [z]a!

（7）这是白酒哇！　　　　　　　Zhè shì báijiǔ wa!

（8）你想要哇？　　　　　Nǐ xiǎng yào wa?
（9）这么远哪！　　　　　Zhème yuǎn na!
（10）你别忘啊！　　　　　Nǐ bié wàng nga!
（11）你说的就是这件事啊！　Nǐ shuō de jiù shì zhè jiàn shì ra!
（12）这是红花儿啊！　　　Zhè shì hóng huār ra!

综合练习

一、

1. 孩子 háizi
2. 值得 zhíde
3. 窗户 chuānghu
4. 大夫 dàifu
5. 眼睛 yǎnjing
6. 姑娘 gūniang
7. 聪明 cōngming
8. 暖和 nuǎnhuo

1. 是孩子啊！Shì háizi [z]a!
2. 是这个地方啊！Shì zhège dìfang nga!
3. 她真和气呀！Tā zhēn héqi ya!
4. 你喝呀！Nǐ hē ya!
5. 这是眼镜啊！Zhè shì yǎnjìng nga!
6. 多么漂亮啊！Duōme piàoliang nga!
7. 真热闹哇！Zhēn rènao wa!
8. 不认识啊！Bú rènshi ra!

二、

（一）1.

Xiōngdì qī-bā ge ya,
Wéizhe zhùzi zuò ya,
Bǎ shǒu yì sōngkāi ya,
Yīfu dōu chěpò ya.

2.

B. 大蒜 (dàsuàn)

（二）1.

Jiāng shang yú zhě (Fàn Zhōngyān)

Jiāng shang wǎng lái rén,
Dàn ài lú yú měi.
Jūn kàn yí yè zhōu,
Chū mò fēng bō li.

三、

(一) 1.

(1) Yí ge zhōumò de zǎoshang, Niūniu qǐle ge dà zǎo. Tā dǎkāi chuānghu, hūxī xīnxiān kōngqì.

一个周日的早上，妞妞起了个大早。她打开窗户，呼吸新鲜空气。

(2) Tā chuānshàng yīfu, zhàozhe jìngzi, shūhǎo biànzi, ránhòu dǎkāi fángmén, pǎochū mén qù. Zài yuànzi li, tā pǎopao bù, tiàotiao shéng, huódòng huódòng jīngǔ.

她穿上衣服，照着镜子，梳好辫子，然后打开房门，跑出门去。在院子里，她跑跑步，跳跳绳，活动活动筋骨。

(3) Niūniu chuānshàng qúnzi, dàishàng màozi, suǒshàng jiāmén, gēnzhe péngyou, qùle gōngyuán.

妞妞穿上裙子，戴上帽子，锁上家门，跟着朋友，去了公园。

(4) Gōngyuán li kāimǎnle gè zhǒng huār: yǒu mǔdan, yǒu méigui, yǒu yuèjì, yǒu sháoyao.

公园里开满了各种花儿：有牡丹，有玫瑰，有月季，有芍药。

(5) Zài gōngyuán, tāmen pápa shān, huáhua chuán, tiàotiao wǔ, zhuōzhuo mícáng, wánrle zhěngzhěng yì tiān, cái huídàole jiā.

在公园，她们爬爬山，划划船，跳跳舞，捉捉迷藏，玩儿了整整一天，才回到了家。

(6) Niūniu shàngle chuáng, gàishàng bèizi, héshàng yǎnjing, jìnrùle mèngxiāng.

妞妞上了床，盖上被子，合上眼睛，进入了梦乡。

(7) Niūniu de zhè yì tiān, yòu kuàihuo, yòu yǒuqù.

妞妞的这一天，又快活，又有趣。

2.

妞妞的星期天

一个周日的早上，妞妞起了个大早。她打开窗户，呼吸新鲜空气。她穿上衣服，照着镜子，梳好辫子，然后打开房门，跑出门去。在院子里，她跑跑步，跳跳绳，活动活动筋骨。

妞妞吃了馒头，穿上裙子，戴上帽子，锁上家门，跟着朋友，去了公园。公园里开满了各种花儿：有牡丹，有玫瑰，有月季，有芍药；有红的，有黄的，有蓝的，有白的，漂亮极了。在公园，她们爬爬山，划划船，跳跳舞，捉捉迷藏，玩儿了整整一天，才回到了家。

吃了晚饭,看了电视,洗了个澡,妞妞上了床,盖上被子,合上眼睛,进入了梦乡。

妞妞的这一天,又快活又有趣。

(二) 1.

(1) Shǐ tā kě'ài de shì liǎn shang de jīngshen. Tóu bú hěn dà, yuán yǎn, ròubízi, liǎng tiáo méi hěn duǎn hěn cū, tóu shang yǒngyuǎn tì de fā liàng.

使他可爱的是脸上的精神。头不很大,圆眼,肉鼻子,两条眉很短很粗,头上永远剃得发亮。

(2) Sāi shang méiyǒu duōyú de ròu, bózi kě shì jīhū yǔ tóu yìbiānr cū.

腮上没有多余的肉,脖子可是几乎与头一边儿粗。

(3) Tèbié liàng de shì quángǔ yǔ yòu'ěr zhījiān yí kuài bù xiǎo de bā—xiǎo shíhou, zài shù xià shuìjiào, bèi lǘ kěnle yì kǒu.

特别亮的是颧骨与右耳之间一块不小的疤——小时候,在树下睡觉,被驴啃了一口。

(4) Tā bú shèn zhùyì tā de múyàng.

他不甚注意他的模样。

(5) Dào chéng li yǐhòu, tā hái néng tóu cháoxià, dàozhe lì bàntiān. Zhèyàng lìzhe, tā juéde, tā jiù hěn xiàng yì kē shù, shàng-xià méiyǒu yí ge dìfang bù tǐngtuō de.

到城里以后,他还能头朝下,倒着立半天。这样立着,他觉得,他就很像一棵树,上下没有一个地方不挺脱的。

2.

1. 么 me	2. 上 shang	3. 的 de	4. 神 shen	5. 子 zi
6. 上 shang	7. 得 de	8. 上 shang	9. 的 de	10. 子 zi
11. 上 shang	12. 的 de	13. 的 de	14. 的 de	15. 候 hou
16. 下 xia	17. 了 le	18. 的 de	19. 的 de	20. 的 de
21. 么 me	22. 实 shi	23. 棒 bang	24. 棒 bang	25. 的 de
26. 里 li	27. 着 zhe	28. 着 zhe	29. 得 de	30. 个 ge
31. 方 fang	32. 的 de			

3.

骆驼祥子(片段)

老 舍

他没有什么模样,使他可爱的是脸上的精神。头不很大,圆眼,肉鼻子,两条眉很短很粗,头上永远剃得发亮。腮上没有多余的肉,脖子可是几乎与头一边儿粗;脸上永远红扑扑的,特别亮的是颧骨与右耳之间一块不小的疤——小时候,在树下睡觉,被驴啃了一口。他不甚注意他的模样,他爱自己的脸正如同他爱自己的身体,都那么结实硬棒;他把脸仿佛算在四肢内,只要硬棒就好。是的,到城里以后,他还能头朝下,倒着立半天。这样立着,他觉得,他就很像一棵树,上下没有一个地方不挺脱的。

第10课
分辨训练

8.
（1）B. 锅盖儿 guōgàir　　（2）A. 跑调儿 pǎodiàor　　（3）B. 笑话儿 xiàohuar
（4）A. 火堆儿 huǒduīr　　（5）B. 宝贝 bǎobèi　　（6）B. 白面儿 báimiànr
（7）A. 本家 běnjiā　　（8）A. 破烂儿 pòlànr　　（9）B. 鱼刺儿 yúcìr
（10）A. 送信 sòng xìn　　（11）A. 敞开儿 chǎngkāir　　（12）B. 针眼儿 zhēnyǎnr
（13）B. 一点儿 yìdiǎnr　　（14）B. 一帮儿 yìbāngr　　（15）A. 掉包 diàobāo
（16）B. 笔尖儿 bǐjiānr　　（17）A. 有空儿 yǒu kòngr　　（18）B. 白兔儿 báitùr

综合练习

一、
1. 号码儿 hàomǎr　　2. 一点儿 yìdiǎnr　　3. 小孩儿 xiǎoháir
4. 小雨儿 xiǎoyǔr　　5. 山歌儿 shāngēr　　6. 电影儿 diànyǐngr
7. 打球儿 dǎ qiúr　　8. 一下儿 yíxiàr　　9. 熊猫儿 xióngmāor
10. 聊天儿 liáotiānr　　11. 小米儿 xiǎomǐr　　12. 玩意儿 wányìr
13. 一块儿 yíkuàir　　14. 茶馆儿 cháguǎnr　　15. 好玩儿 hǎowánr
16. 有门儿 yǒuménr　　17. 一阵儿 yízhènr　　18. 一会儿 yíhuìr
19. 有趣儿 yǒuqùr　　20. 眼镜儿 yǎnjìngr

二、
（一）1.
　　Yì duǒ hóng huār tóu shang dài,
　　Yí jiàn jǐnpáor shēn shang gài,
　　Yí dào tiān liàng bǎ gēr chàng,
　　Yí chàng qiān mén wàn hù kāi.

2.

C. 公鸡（gōngjī）

（二）1.

Xún chūn

Chūn zài nǎr? Dào nǎr qù xúnzhǎo chūntiān?

Bú zài yíngfēng piāodàng de liǔzhīr jiān,

Bú zài gānggāng jiědòng de xiǎoxī biānr;

Bú zài fǎnqīng de màimiáor tiánjiān,

Gèng bú zài chéngshì de dà huāyuán.

Kàn na! Chūntiān zài nàr:

Zài gōngrén de shǒu zhōng,

Zài nóngmín de jiǎo xià,

Zài yùndòngyuán de shēn shang,

Zài zhīshi fènzǐ de xīntián...

三、

（一）1.

(1) Xiǎotiánr hé Xiǎolèr, yíkuàir shàng dòngwùyuánr.

小田儿和小乐儿，一块儿上动物园儿。

(2) Nàr de dòngwù kě zhēn duō: yǒu xiǎotùr, yǒu xiǎomǎr, yǒu xiǎohóur, yǒu xiǎoniǎor, hái yǒu huópo de xiǎoxióngmāor.

那儿的动物可真多：有小兔儿，有小马儿，有小猴儿，有小鸟儿，还有活泼的小熊猫儿。

(3) Kànkan zhèr, qiáoqiao nàr, zhǎngle zhīshi kāile yǎn.

看看这儿，瞧瞧那儿，长了知识开了眼。

(4) Fànzhuōr shang bǎizhe hǎoduō cài: huángguāsīr、tǔdòutiáor、chǎodòujiǎor、liūròupiànr、bànliángpír、zhájīkuàir.

饭桌儿上摆着好多菜：黄瓜丝儿、土豆条儿、炒豆角儿、熘肉片儿、拌凉皮儿、炸鸡块儿。

(5) Bùguǎn sān qī èrshíyī, Xiǎotiánr hé Xiǎolèr duānqǐ miàntiáorwǎn, yíhuìr quán chīwán.

不管三七二十一，小田儿和小乐儿端起面条儿碗，一会儿全吃完。

2.

小田儿和小乐儿

小田儿和小乐儿,一块儿上动物园儿。那儿的动物可真多:有小兔儿,有小马儿,有小猴儿,有小鸟儿,还有活泼的小熊猫儿。小田儿和小乐儿,看看这儿,瞧瞧那儿,长了知识开了眼。

回到家,吃晚饭,饭桌儿上摆着好多菜:黄瓜丝儿、土豆条儿、炒豆角儿、熘肉片儿、拌凉皮儿、炸鸡块儿。不管三七二十一,小田儿和小乐儿端起面条儿碗,一会儿全吃完。

早点儿睡,早点儿起,明天还要上学去。

(二) 1.

(1) Xīngqīliù yí dà zǎor, Xiǎoquánr jiù qù zhǎo Xiǎobǎor.
星期六一大早儿,小全儿就去找小宝儿。

(2) Hútòngkǒur yǒu càitānr, gè zhǒng shūcài tōngtōng yǒu: yǒu xiǎocōngr, yǒu làjiāor, yǒu luóbor, yǒu báicàir, rénrén jiànle rénrén ài.
胡同口儿有菜摊儿,各种蔬菜通通有:有小葱儿,有辣椒儿,有萝卜儿,有白菜儿,人人见了人人爱。

(3) Wǎng qián zǒu, mài bǎihuò: yǒu bèixīnr, yǒu kǒuzhàor yǒu wéibór, yǒu shǒutàor, zhēn tóu xiàn nǎo quán dōu yǒu.
往前走,卖百货:有背心儿,有口罩儿,有围脖儿,有手套儿,针头线脑儿全都有。

(4) Xiǎo báilír, cháng yì kǒur, pír báor, shuǐr tián, méiyǒu yí ge chóngziyǎnr. Shuǐmìtáor gèr dà, xiǎo hóngxīnr gèr yuán, gègè dōu kě'ài.
小白梨儿,尝一口儿,皮儿薄儿,水儿甜,没有一个虫子眼儿。水蜜桃儿个儿大,小红杏儿个儿圆,个个都可爱。

2.

1. 早儿 zǎor	2. 全儿 quánr	3. 宝儿 bǎor	4. 哥儿 gēr
5. 块儿 kuàir	6. 口儿 kǒur	7. 摊儿 tānr	8. 葱儿 cōngr
9. 椒儿 jiāor	10. 卜儿 bor	11. 菜儿 càir	12. 心儿 xīnr
13. 罩儿 zhàor	14. 脖儿 bór	15. 套儿 tàor	16. 脑儿 nǎor
17. 头儿 tour	18. 花儿 huār	19. 花儿 huār	20. 花儿 huār
21. 花儿 huār	22. 朵儿 duǒr	23. 这儿 zhèr	24. 点儿 diǎnr
25. 远儿 yuǎnr	26. 梨儿 lír	27. 口儿 kǒur	28. 皮儿 pír
29. 薄儿 báor	30. 水儿 shuǐr	31. 眼儿 yǎnr	32. 桃儿 táor

33. 个儿 gèr	34. 杏儿 xìnr	35. 个儿 gèr	36. 点儿 diǎnr
37. 梨儿 lír	38. 点儿 diǎnr	39. 杏儿 xìnr	40. 萄儿 taor
41. 袋儿 dàir	42. 点儿 diǎnr	43. 花儿 huār	44. 点儿 diǎnr
45. 酒儿 jiǔr	46. 全儿 quánr	47. 宝儿 bǎor	48. 果儿 guǒr

3.

看朋友

星期六一大早儿,小全儿就去找小宝儿。小哥儿俩,好朋友,一块儿逛街看朋友。

胡同口儿有菜摊儿,各种蔬菜通通有:有小葱儿,有辣椒儿,有萝卜儿,有白菜儿,人人见了人人爱。往前走,卖百货:有背心儿,有口罩儿,有围脖儿,有手套儿,针头线脑儿全都有。鲜花店在前头儿,有红花儿,有黄花儿,有白花儿,有紫花儿,各种花朵儿样样有。往左拐,水果店,离这儿一点儿也不远儿。小白梨儿,尝一口儿,皮儿薄儿,水儿甜,没有一个虫子眼儿。水蜜桃儿个儿大,小红杏儿个儿圆,个个都可爱。

来点儿梨儿,买点儿杏儿,再来一些小葡萄儿,整整装了一大袋儿。再买一点儿花儿,再买一点儿酒儿。小全儿和小宝儿提着礼物看朋友,朋友爱吃各种果儿,见了一定心喜欢。

第11课

一、1.

(1) Hěn zǎo hěn zǎo yǐqián, māo bìng bù chī lǎoshǔ.
很早很早以前,猫并不吃老鼠。

(2) Dōngtiān kuài dào le, tāmen mǎile yì tánzi zhūyóu zhǔnbèi guò dōng chī.
冬天快到了,它们买了一坛子猪油准备过冬吃。

(3) Wǒ zuǐ chán, bùrú cángdào yuǎn yìdiǎnr de dìfang qù, dào dōngtiān zài qǔlái chī.
我嘴馋,不如藏到远一点儿的地方去,到冬天再取来吃。

(4) Qù ba, lùshang yào xiǎoxīn gǒu.
去吧,路上要小心狗。

(5) Lǎoshǔ huílái le, dùzi chī de gǔgǔ de, zuǐba yóuguāngguāng de.
老鼠回来了,肚子吃得鼓鼓的,嘴巴油光光的。

(6) Lǎoshǔ biān dāying biān wǎng wài zǒu.
老鼠边答应边往外走。

(7) Māo yíxiàzi quán míngbai le.
猫一下子全明白了。

(8) Hòulái lǎoshǔ jiàn māo jiù táo, māo jiàn lǎoshǔ jiù zhuā.
后来老鼠见猫就逃,猫见老鼠就抓。

二、

1.

(1) Bāní Luóbógé shì Měiguó Miǎnyīn Zhōu de yí ge fámù gōngrén.
巴尼·罗伯格是美国缅因州的一个伐木工人。

(2) Tā xiàng píngshí yíyàng jiàzhe jípǔchē qù sēnlín gàn huór.
他像平时一样驾着吉普车去森林干活儿。

(3) Yóuyú xiàguo yì cháng bàoyǔ, lùshang dàochù kēngkengwāwā.
由于下过一场暴雨,路上到处坑坑洼洼。

(4) Tā hǎo bù róngyì bǎ chē kāidào lù de jìntóu.
他好不容易把车开到路的尽头。

(5) Tā zǒuxià chē, nále fǔzi hé diànjù, cháozhe línzi shēnchù yòu zǒule dàyuē liǎng yīnglǐ lù.
他走下车,拿了斧子和电锯,朝着林子深处又走了大约两英里路。

(6) Tā juédìng bǎ yì kē zhíjìng chāoguò liǎng yīngchǐ de sōngshù jùdǎo.
他决定把一棵直径超过两英尺的松树锯倒。

(7) Jùliè de téngtòng shǐ Bāní zhǐ juéde yǎnqián yí piàn qīhēi.
剧烈的疼痛使巴尼只觉得眼前一片漆黑。

三、

1.

(1) Zài cāngmáng de dà hǎi shang, fēng jùjízhe wūyún.
在苍茫的大海上,风聚集着乌云。

(2) Zài wūyún hé dà hǎi zhījiān, hǎiyàn xiàng hēisè de shǎndiàn gāo'ào de fēixiáng.
在乌云和大海之间,海燕像黑色的闪电高傲地飞翔。

(3) Zài zhè jiàohǎnshēng li, chōngmǎnzhe duì bàofēngyǔ de kěwàng!
在这叫喊声里,充满着对暴风雨的渴望!

(4) Hǎi'ōu zài bàofēngyǔ dàolái zhīqián shēnyínzhe,——shēnyínzhe.
海鸥在暴风雨到来之前呻吟着,——呻吟着。

(5) Hǎiyā yě shēnyínzhe,——zhèxiē hǎiyā ya, xiǎngshòu bù liǎo shēnghuó de zhàndòu de huānlè; hōnglōnglōng de léishēng jiù bǎ tāmen xiàhuài le.
海鸭也呻吟着,——这些海鸭呀,享受不了生活的战斗的欢乐;轰隆隆的雷声就把它们吓坏了。

(6) Yúchǔn de qǐ'é, wèisuō de bǎ féipàng de shēntǐ duǒcáng zài qiàoyá dǐxia...
愚蠢的企鹅,畏缩地把肥胖的身体躲藏在峭崖底下……

(7) Kuángfēng jǐnjǐn bàoqǐ yì duī jùlàng, èhěnhěn de rēngdào qiàoyá shang, bǎ zhè dà kuài de fěicuì shuāichéng chénwù hé shuǐmò.
狂风紧紧抱起一堆巨浪,恶狠狠地扔到峭崖上,把这大块的翡翠摔成尘雾和水沫。

五、课后自测题答案
Answers to After Class Self-test Exercises

第 1 课

一、

1. 图案（tú'àn） 2. 酷爱（kù'ài） 3. 上颚（shàng'è）
4. 婴儿（yīng'ér） 5. 饥饿（jī'è） 6. 然而（rán'ér）
7. 反而（fǎn'ér） 8. 配偶（pèi'ǒu） 9. 时而（shí'ér）
10. 衣服（yīfu） 11. 音乐（yīnyuè） 12. 跳舞（tiàowǔ）
13. 问题（wèntí） 14. 雨衣（yǔyī） 15. 秋天（qiūtiān）
16. 决定（juédìng） 17. 学习（xuéxí） 18. 军人（jūnrén）
19. 公园（gōngyuán） 20. 女人（nǚrén） 21. 绿色（lǜsè）
22. 努力（nǔlì） 23. 马路（mǎlù） 24. 凉水（liángshuǐ）
25. 晚上（wǎnshang） 26. 友好（yǒuhǎo） 27. 讨论（tǎolùn）
28. 小孩儿（xiǎoháir） 29. 会议（huìyì） 30. 北京（Běijīng）

二、

1. 菠菜（ˉ ˋ） 2. 泼辣（ˉ ˋ） 3. 陌生（ˋ ˉ） 4. 烹调（ˉ ˊ）
5. 做梦（ˋ ˋ） 6. 电灯（ˋ ˉ） 7. 能力（ˊ ˋ） 8. 冷冻（ˇ ˋ）
9. 听取（ˉ ˇ） 10. 停止（ˊ ˇ）

第 2 课

一、

1. 操场（ˉ ˇ） 2. 公费（ˉ ˋ） 3. 发烧（ˉ ˉ） 4. 经常（ˉ ˊ）
5. 前天（ˊ ˉ） 6. 红茶（ˊ ˊ） 7. 而且（ˊ ˇ） 8. 磁带（ˊ ˋ）
9. 老师（ˇ ˉ） 10. 举行（ˇ ˊ） 11. 打扫（ˇ ˇ） 12. 改变（ˇ ˋ）
13. 互相（ˋ ˉ） 14. 复习（ˋ ˊ） 15. 办理（ˋ ˇ） 16. 电视（ˋ ˋ）
17. 家庭（ˉ ˊ） 18. 寂寞（ˋ ˋ） 19. 博士（ˊ ˋ） 20. 丰收（ˉ ˉ）
21. 重逢（ˊ ˊ）

二、

1. 一心一意（ˉˋˉˋ）　2. 十全十美（ˊˊˊˇ）　3. 人山人海（ˊˉˊˇ）

4. 力争上游（ˋˉˋˊ）　5. 三心二意（ˉˉˋˋ）　6. 下不为例（ˋˋˊˋ）

7. 大同小异（ˋˊˇˋ）　8. 古道热肠（ˇˋˋˊ）　9. 马到成功（ˇˋˊˉ）

10. 天长地久（ˉˊˋˇ）

第3课

一、

1. 跑步 (p-b)　　2. 代替 (d-t)　　3. 开关 (k-g)
4. 进去 (j-q)　　5. 展翅 (zh-ch)　6. 紫菜 (z-c)
7. 传真 (ch-zh)　8. 奇迹 (q-j)　　9. 代替 (d-t)
10. 考古 (k-g)　 11. 表皮 (b-p)　 12. 概况 (g-k)
13. 配备 (p-b)　 14. 存在 (c-z)　 15. 开工 (k-g)
16. 态度 (t-d)　 17. 讲情 (j-q)　 18. 迁居 (q-j)
19. 照常 (zh-ch) 20. 沉重 (ch-zh) 21. 早餐 (z-c)

二、

1. 袖手旁观（ˋˇˊˉ）　2. 异口同声（ˋˇˊˉ）　3. 破釜沉舟（ˋˇˊˉ）

4. 刻骨铭心（ˋˇˊˉ）　5. 墨守成规（ˋˇˊˉ）　6. 兔死狐悲（ˋˇˊˉ）

7. 笑里藏刀（ˋˇˊˉ）　8. 救死扶伤（ˋˇˊˉ）　9. 良师益友（ˊˉˋˇ）

10. 得心应手（ˊˉˋˇ）

第4课

一、

1. 遵照 (z-zh)　　2. 财产 (c-ch)　　3. 随时 (s-sh)
4. 杂技 (z-j)　　5. 从前 (c-q)　　6. 送行 (s-x)
7. 简直 (j-zh)　　8. 长期 (ch-q)　　9. 实现 (sh-x)
10. 香水 (x-sh)　11. 热心 (r-x)　　12. 专家 (zh-j)
13. 机场 (j-ch)　14. 字句 (z-j)　　15. 嘈杂 (c-z)
16. 摧残 (c-c)　17. 除尘 (ch-ch)　18. 自从 (z-c)
19. 长城 (Ch-ch) 20. 主持 (zh-ch)　21. 尽情 (j-q)

二、

1. 在所不辞（ˋˋㄨˊ）　　2. 张口结舌（ˉˇˊ）　　3. 车水马龙（ˉˇˇˊ）

4. 积少成多（ˉˇˊˉ）　　5. 七上八下（ˉˋˉˋ）　　6. 细水长流（ˋˇˊˊ）

7. 受宠若惊（ˋˇˋˉ）　　8. 势如破竹（ˋˊˋˊ）　　9. 落花流水（ˋˉˊˇ）

10. 束手待毙（ˋˇˋˋ）

第5课

一、

1. 热恋 (r–l)　　2. 例如 (l–r)　　3. 分红 (f–h)　　4. 老人 (l–r)

5. 花费 (h–f)　　6. 寒风 (h–f)　　7. 发票 (f–p)　　8. 破费 (p–f)

9. 花粉 (h–f)　　10. 繁华 (f–h)　　11. 伙房 (h–f)　　12. 恢复 (h–f)

13. 活佛 (h–f)　　14. 冷热 (l–r)　　15. 日历 (r–l)　　16. 燃料 (r–l)

17. 入流 (r–l)　　18. 留任 (l–r)　　19. 容量 (r–l)　　20. 肉瘤 (r–l)

21. 鹿茸 (l–r)

二、

1. 人老珠黄（ˊˇˉˊ）　　2. 来日方长（ˊˋˉˊ）　　3. 任劳任怨（ˋˊˋˋ）

4. 老弱病残（ˇˋˋˊ）　　5. 风花雪月（ˉˉˇˋ）　　6. 鹤发童颜（ˋˋˊˊ）

7. 八方呼应（ˉˉˉˋ）　　8. 百废俱兴（ˇˋˋˉ）　　9. 敷衍了事（ˉˇˇˋ）

10. 锋芒毕露（ˉˊˋˋ）

第6课

一、

1. 热播 (e–o)　　2. 折磨 (e–o)　　3. 礼物 (i–u)　　4. 估计 (u–i)

5. 必须 (i–ü)　　6. 喜剧 (i–ü)　　7. 不许 (u–ü)　　8. 旅途 (ü–u)

9. 居住 (ü–u)　　10. 巫婆 (u–o)　　11. 讹诈 (e–a)　　12. 阿谀 (e–ü)

13. 鳄鱼 (e–ü)　　14. 打鼓 (a–u)　　15. 阿姨 (a–i)　　16. 蚂蚁 (a–i)

17. 可恶 (e–u)　　18. 义务 (i–u)　　19. 比喻 (i–ü)　　20. 玉米 (ü–i)

21. 榆树 (ü–u)

二、

1. 博古通今（ˇ ˇ ― ―） 2. 磨杵成针（ˊ ˇ ˊ ―） 3. 得心应手（ˊ ― ˋ ˇ）

4. 和风细雨（ˊ ― ˋ ˇ） 5. 机不可失（― ˋ ˇ ―） 6. 七手八脚（― ˇ ― ˇ）

7. 出口成章（― ˇ ˊ ―） 8. 俗不可耐（ˊ ˋ ˇ ˋ） 9. 屡见不鲜（ˇ ˋ ˋ ―）

10. 旭日东升（ˋ ˋ ― ―）

第7课

一、

1. 口袋 (ou–ai)   2. 下跌 (ia–ie)   3. 花朵 (ua–uo)   4. 周到 (ou–ao)

5. 外汇 (uai–ui)   6. 交流 (iao–iu)   7. 遛鸟 (iu–iao)   8. 怪罪 (uai–ui)

9. 国花 (uo–ua)   10. 好手 (ao–ou)   11. 白果 (ai–uo)   12. 肥皂 (ei–ao)

13. 烤火 (ao–uo)   14. 烧毁 (ao–ui)   15. 筹备 (ou–ei)   16. 佳作 (ia–uo)

17. 恰好 (ia–ao)   18. 代表 (ai–iao) 19. 缺少 (üe–ao)   20. 漂流 (iao–iu)

21. 衰老 (uai–ao)

二、

1. 百读不厌（ˇ ˊ ˋ ˋ） 2. 杯弓蛇影（― ― ˊ ˇ） 3. 家喻户晓（― ˋ ˋ ˇ）

4. 接二连三（― ˋ ˊ ―） 5. 刮目相看（― ˋ ― ˋ） 6. 过目不忘（ˋ ˋ ˋ ˋ）

7. 抛砖引玉（― ― ˇ ˋ） 8. 扣人心弦（ˋ ˊ ― ˊ） 9. 怀瑾握瑜（ˊ ˇ ˋ ˊ）

10. 追根究底（― ― ― ˇ）

第8课

一、

1. 感人 (an–en)   2. 今年 (in–ian)   3. 存款 (un–uan)

4. 军权 (ün–üan)   5. 生长 (eng–ang)   6. 评奖 (ing–iang)

7. 慌忙 (uang–ang)   8. 冷淡 (eng–an)   9. 轮换 (un–uan)

10. 信件 (in–ian)   11. 担心 (an–in)   12. 更新 (eng–in)

13. 平等 (ing–eng)   14. 冬天 (ong–ian)   15. 群众 (ün–ong)

16. 广场 (uang–ang) 17. 明显 (ing–ian)   18. 垄断 (ong–uan)

19. 慌乱 (uang–uan) 20. 训练 (ün–ian)   21. 兄长 (iong–ang)

二、

1. 爱憎分明（ `` `` ˉ ´ ）　　2. 分门别类（ ˉ ´ ˊ ）　　3. 点石成金（ ˇ ´ ˉ ）

4. 冰天雪地（ ˉ ˉ ˇ ` ）　　5. 乱七八糟（ ` ˉ ˉ ˉ ）　　6. 浑身是胆（ ´ ˉ ` ˇ ）

7. 全心全意（ ´ ˉ ´ ˋ ）　　8. 确凿不移（ ` ˊ ` ´ ）　　9. 旁征博引（ ´ ˉ ˊ ˇ ）

10. 冷若冰霜（ ˇ ` ˉ ˉ ）

第9课

一、

1. 朋友（péngyou）　　2. 地道（dìdao）　　3. 过年（guònian）
4. 东西（dōngxi）　　5. 报酬（bàochou）　　6. 窗户（chuānghu）
7. 打扮（dǎban）　　8. 大夫（dàifu）　　9. 告诉（gàosu）
10. 姑娘（gūniang）　　11. 打听（dǎting）　　12. 耳朵（ěrduo）
13. 故事（gùshi）　　14. 困难（kùnnan）　　15. 光滑（guānghua）
16. 合计（héji）　　17. 精神（jīngshen）　　18. 本事（běnshi）
19. 大方（dàfang）　　20. 聪明（cōngming）　　21. 豆腐（dòufu）

二、

1. 电话打不通啊（nga）！
2. 你要好好儿想想啊（nga）！
3. 多大的雪呀（ya）！
4. 一定要多加小心哪（na）！
5. 这就是中药哇（wa）！
6. 你快看哪（na）！
7. 饭菜都凉了，快吃啊（ra）！
8. 今天可真冷啊（nga）！
9. 你不认识这个字啊（[z]a）？
10. 这是第一次啊（[z]a）！

第10课

一、

1. 民歌儿（míngēr）　　2. 小孩儿（xiǎohái r）　　3. 干活儿（gàn huór）
4. 熊猫儿（xióngmāor）　　5. 好玩儿（hǎowánr）　　6. 有趣儿（yǒuqùr）
7. 雨点儿（yǔdiǎnr）　　8. 一会儿（yíhuìr）　　9. 药方儿（yàofāngr）
10. 药片儿（yàopiànr）　　11. 圆圈儿（yuánquānr）　　12. 小鸟儿（xiǎoniǎor）
13. 面条儿（miàntiáor）　　14. 一点儿（yìdiǎnr）　　15. 口罩儿（kǒuzhàor）
16. 豆汁儿（dòuzhīr）　　17. 凉皮儿（liángpír）　　18. 肉丝儿（ròusīr）
19. 拐弯儿（guǎiwānr）　　20. 窍门儿（qiàoménr）　　21. 小虫儿（xiǎochóngr）

二、

1. 他一大早儿就去逛胡同儿了。

2. 花园里开满了花儿：有桃花儿，有杏花儿，有梨花儿，好看极了。

3. 小鸟儿在树枝儿上唱歌儿，小鱼儿在水面儿上吐泡儿。

4. 下了班儿，小哥儿俩一块儿去河边儿遛弯儿，他们跟朋友聊了一会儿天儿。

5. 屋里的桌儿上有一瓶儿梅花儿，窗台儿上的花盆儿里种着黄色的菊花儿。